U0127998

江西通史

晚清卷・下冊

目錄

第七章——晚清江西經濟

一八五八年九江開埠通商，外國資本主義勢力開始契入江西，使江西經濟納入全球經濟循環之中。在封建自然經濟不斷衰敗的過程中，江西民族資本主義經濟也經歷了一個緩慢的發展過程。十九世紀七〇年代以後，農業、手工業、機器製造業、礦冶業、交通運輸業等都有民族資本主義經濟出現。但是，由於民族資本的薄弱，加之帝國主義的壓迫和封建勢力的束縛，以及歷年戰爭破壞，江西社會經濟發展十分緩慢，且呈邊緣化之態勢。

第一節 ▶ 產業結構逐漸轉型

在九江對外貿易的拉動和激發下，江西傳統的產業結構開始發生變化。這種變化大致上表現在三個方面：首先是農業生產中的作物結構受國內外市場的影響而發生的顯著變動；其次是農村經濟中非農產業的變動以及在經濟總量中比重的增加；同時，受外國資本主義的刺激，近代工業亦得到了一定程度的發展。

一　農業結構的調整

（一）農業作物結構的變化

九江的對外貿易，使江西地區農副產品的商品化程度不斷提高，直接刺激了江西地區農副業的發展，茶葉、棉花、經濟農作物的種植面積明顯擴展，由於地理位置、土壤特性及原有基礎等的差異，這種發展又帶有較鮮明的地域分布特徵，並出現專業化趨勢。這主要表現在：

首先，新興的茶葉產區的出現。

九江開埠通商以來，其茶葉出口量猛增，相應的帶動了江西地區的茶業發展。據史料記載：一八七一年，「顯著的特點就是歐洲茶葉消費驚人的增長，其速度超過茶葉生產的發展」。[1]於是，擴大茶樹的種植，增加茶葉的產量，使許多新的產茶區出現了。一八七五年英國駐九江領事商務報告稱：「本埠周圍產茶地區的發展是很有趣味的，距本埠八十七英里的建德縣是一八六一年才開始種茶的，今年提供的茶大大增加了，有些賣價極高、五個新產區的茶已經進入了市場，此即距本埠兩百八十英里的吉安，距本埠兩百八十七英里的建昌（即今永修，該處距離兩百八十七英里疑為八十七英里之誤，筆者案），距本埠三十五英里的瑞昌和九江附近包括廬山山脈的一些地方。福州附近的譚尾街地區今年也出產了小種茶（Son Chong），供本市銷售。」[2]使得環鄱陽湖區的茶葉得到了普遍的種植，「江西省沿鄱陽湖的產茶區，在最近五十年中，已發展為一個很重要的茶區，所有婺寧及寧州茶都是這個地區出產的，並且大量輸往歐美」。[3]由此而出現了以修水、武寧、銅鼓者為主體的寧紅茶銷售市場。

十九世紀中葉，江西僅產綠茶。「那時江西的寧州一帶茶區

1 N.C.H，一八72年2月8日，p102，轉引自《中國近代貿易史資料》，第3冊，1474頁。

2 Commercial Reports，一八75年九江，p60，轉引自姚賢鎬《中國近代對外貿易史資料》第3冊，第1475頁。

3 R.Portune: A Residece among the Chinese，p393，轉引自《中國近代貿易史資料》第3冊，第1473-1474頁。

僅以綠茶聞名。而現在以及過去多年，福建紅茶雖然曾大量輸出，但寧州茶區所產的紅茶也已為世人所重視」，「它在倫敦市場上，一般均售得極高的價格」。[4]十九世紀中葉以後，為了適應國際市場對紅茶的需求，中國商人在寧州茶區用原來製作綠茶的茶葉製出了一批紅茶運往廣州銷售。結果頗受廣州外商的讚賞，寶順洋行買下了這批紅茶運往英國，「銷路甚佳，並且馬上成為一種頭等的紅茶。此後銷路年年不斷增加，同時中國茶商也經常源源供應。」[5]這就使原來以產綠茶聞名於世的寧州茶區，變成了專門生產頭等紅茶的茶區。茶葉的大量推銷，帶動了周邊地區的茶業發展，「故該地生產以茶葉為大宗，居民十之八九，賴茶為生。所產茶葉，向以紅茶為主體，專銷洋莊」。[6]

另外，浮梁、婺源、祁門、玉山、上饒、德興、鉛山和橫峰等一帶的祁紅茶區的茶葉種植面積亦得到了擴大。「在玉山及河口鎮一帶即是在武夷山的北面，栽種及製造著大量茶葉以供外銷。上萬英畝的土地都栽種著茶樹，而且大部分的土地顯然是最近幾年內開墾和栽種起來的。」[7]如婺源在一九三一年以前，植

4 R.Portune: A Residece among the Chinese，p393-394，轉引自《中國近代貿易史資料》第 3 冊，第 1474 頁。

5 R.Portune: A Residece among the Chinese，p393-394，轉引自《中國近代貿易史資料》第 3 冊，第 1474 頁。

6 國民政府實業部上海商品檢驗局編：《江西之茶》，1932 年印行，第 2 頁。

7 R.Portune: A A Journey to the Tea Countries of China，p262-270.轉引自《中國近代對外貿易史資料》，第 3 冊，第 1538 頁。

茶面積約十七萬畝，[8]占全縣總面積 914 萬畝的五十三分之一。[9]據統計，江西全省有三十餘縣區出產茶葉，是全國最重要的產茶區。「觀農商部自民國四年至八年所編之統計，中國產茶省份共計十六省，茶園面積最廣者為江西，達 1,267,935 畝。」[10]占全省土地總面積 2.8 億畝[11]的兩百分之一，占全省農地面積總 3551.3 萬畝（含光澤、婺源兩縣）的二十八分之一，面積是相當可觀的。據記載祁紅、寧紅茶區涉及「三四百茶號，四五萬茶工，百餘萬茶農」。[12]

其次，贛北地區棉花的普遍種植。

棉花是九江開埠以後帶動其腹地商業的又一重要產品。由於土壤和氣候條件的因素，九江府屬的德化、湖口、彭澤等縣原來就是傳統棉花種植區域。從明朝以來，九江的封郭、桑落二洲所產的棉花就以核小絨多而著稱。[13]一些竹枝詞中可看出這一點：如清乾隆時人李天英就在《龍城竹枝詞》描寫彭澤植棉的情景時載道：「木棉如雪滿江鄉，一歲能儲兩歲糧。其道近來花價好，明朝蘇客又開裝」、「官糧不欠是神仙，大麥才收又種棉；好在

8　《江西統計月刊》第 3 卷，第 2 期。

9　《江西年鑑》，第 2 編，第 1 章《自然地理》，1936 年版，第 232 頁。

10　張景瑞：《江西產業現狀之檢討》，《實業部月刊》第一卷第 2 期。

11　《江西年鑑》，第 2 編，第 1 章《自然地理》，1936 年版，第 232 頁。

12　《皖贛紅茶運銷委員會設立經過及其成績》載《經濟旬刊》第七卷第 13、14 期合刊，1936 年。

13　同治《德化縣志》卷九，《物產》。

鄰家新酒熟，三三五五疊猜拳」。[14]歐陽雲《彭澤竹枝詞》亦記述：「盼到秋收八月場，木棉花落客開裝；輸他賤買蘇鬆去，販布蘇松價倍償。」[15]這些都反映了贛北植棉的大致狀況。其時的棉花出產多是小農與布相互交換的產品，是建立在狹小規模的市場基礎之上，因而數量極其有限。

近代，由於出口需求的拉動，棉花種植逐漸增多。同治年間九江府「洲鄉宜粟，與黃豆並黍、稷、葛、秫、芝麻諸種號雜糧。近則木棉與雜糧各半。一以雜糧同時並播，艱於人工；一以木棉價值收成勝於他產，故凡值大有，洲鄉視山鄉尤豐」。[16]《申報》亦記載：「江西德化縣之封一、封二、桑落等鄉，山多田少，秋收以棉花為大宗。」[17]據傅春官在《江西農工商礦紀略》中說記載：「該縣（德化縣）出產農田之外，以棉花為大宗，每年約出二十餘萬包。」據一九二八年的調查，棉花的產量「九江及江北地方，每年產數約三十餘萬擔，有運往上海出售者，有由久興紗廠購買者，其數不能確定」。[18]

由於九江地區產棉較普遍，《商務官報》以較大的篇幅介紹了九江的產棉狀況：[19]

14 見《彭澤縣志・藝文・詩》清同治十二年刊本。
15 見《亦吾廬詩草》卷二，光緒二年刊本。
16 同治《九江府志》卷九，《物產》。
17 《申報》，1884年11月7日。
18 商衍鎏：《江西特稅紀要》（調查），1929年鉛印本。
19 《商務官報》，戊申（1908年），第六期。

> 查九江一隅，棉產雖不甚多，究亦不少。德化縣小池口地方，每逢旺年，約出棉一萬五六千擔，棉色漂亮，視英屬印度棉白不亮者遠勝。較之江蘇通州所出之棉，四季可紡，尚不能及。次則套口地方，亦可出棉三四千擔，再次則洗腳橋地方，亦可出棉一千四五百擔，再次則本城南門外，亦可出棉千餘擔。彭澤縣屬每年約共出棉七八千擔。湖口縣屬每年約共出棉四五千擔。其德安、瑞昌兩縣所出之數則又不及。惟此處並無棉花公司，其運銷本省樟樹鎮及南昌、撫州、吉安等府，均系棉商零購，載以舟車，凡紗布由本地紡織而成，不及十之三四，有織成者，除湖口布銷路略遠外，餘皆銷行本地。至於能否仿照洋布，與洋紗比較優劣，竊以棉之最著者，惟美，美之棉系木本，結絨甚大，中國系草本，結絨遠遜於美，中美之絨不同，出紗亦難與洋布相仿，目下改易種類，內地土脈相宜與否，尚未可知。

而且棉花種植區域亦突破了贛北地區，在其他地方亦漸有種植。據傅春官《江西農工商礦紀略》記載：信豐縣原來向產紅瓜子等土產，為了開拓市場，在光緒三十二年，「派人赴彭澤德化德安一帶，覓購棉麻種子……已購回德化德安麻兜二十擔、彭澤棉子二千斤，飭令各堡紳士令回栽種」。[20]東鄉縣亦從九江購回

20 傅春官：《江西農工商礦紀略》（光緒三十四年石印本），信豐縣．農務。

木棉種子，在試驗場種植，「且視本地所產為壯實」。[21]至二十世紀三〇年代，江西的棉花種植面積明顯有所擴大，一九三一年全省棉花總產量達三十九點九萬多擔，居全國第十位，[22]而且出口亦保持了較高的水平。

複次，其他經濟作物的廣泛種植。

隨著出口需求的拉動，還促使其他一些經濟作物的廣泛種植。如苧麻、煙葉、油料作物等。

夏布的出口，直接帶動了苧麻的廣泛種植。同時，近代由於航運業的發展，纜繩的大量需求，亦促進了苧麻等纖維原料的出口，相應的帶動了江西的苧麻種植。苧麻是江西傳統特產，栽培和利用的歷史悠久，大面積栽培達五十五個縣左右，其中萬載、分宜、宜春、宜黃等縣所產苧麻質量最佳。據一九二九年江西建設廳調查四縣（武寧、瑞昌、德安、分宜）的產量總計達三十三點九萬擔。據海關出口物品數額統計，一九二四年曾達十八點八萬多擔（其中包括湖北武穴一部分）。

江西煙葉亦得到普遍種植，民國之初，煙葉生產保持了一個較快的發展勢頭。據農商部一九一七年的統計，江西每年產量在一百九十八點九萬多擔，「實為中國最大之菸草出產地。」[23]江西煙葉每年除留給自用之外，基本上都供出口。從九江海關出口

21 傅春官：《江西農工商礦紀略》東鄉縣・農務。

22 許道夫編：《中國近代農業生產及貿易統計資料》，上海人民出版社1983年版，第206頁。

23 《江西之煙產與卷煙消耗》，見江西省政府經濟委員會編：《江西經濟問題》1934年版，第315頁。

統計來看，一九二八年出口總值為三百一十萬海關兩，一九二九年為二百五十二點八萬海關兩。[24]

再次則是油料作物。

從出口商品的貨物來看，油料作物占有很大的比重，尤其是二十世紀初。這也直接促成江西油料作物廣泛種植。據《江西年鑑》統計一九三四年種植花生六十五個縣、芝麻五十六個縣、大豆五十二個縣、油菜子四十六個縣，其種植面積還相當穩定。

從整體而言，九江開埠，使江西有了一個直接面對世界的窗口，同樣亦從總體上改變了江西商品結構，使農副產品的商品化程度增加。致使各縣均有一些特色的經濟作物提供市場，茲摘幾例，以窺一般：

瑞昌縣：「惟民山隙地，向種煙麻，隨時諭令鄉民推廣種植，現在煙葉統稅，本年已加收錢四百千文，苧麻統稅，亦較往年大旺，因民之利而利之，似屬已有功效。……該縣南北鄉出產，以麻與煙　油為大宗，麻約出五六萬捆，煙葉約出十餘萬擔，柏油約出五六千擔。」[25]

新城縣（今黎川）：「縣屬出產，以煙葉為大宗，各行棧收買刨絲，打包裝箱，經客商販運蘇滬及九江、吳城一帶出售，銷路既廣，獲利甚厚。」[26]

24 《江西之煙產與卷煙消耗》，見江西省政府經濟委員會編：《江西經濟問題》1934 年版，第 316-317 頁。

25 傅春官：《江西農工商礦紀略》瑞昌縣・農務。

26 傅春官：《江西農工商礦紀略》新城縣・商務。

廣昌縣：「婦女均以績麻為事，所織夏布，每年約出二萬餘疋，運銷山東河南福建等省。價值約三萬餘金。……煙葉一項，產於白水鎮驛前市等處，每年多則四五十萬斤，少亦三十餘萬斤。每百斤價約八九兩或十餘兩不等。近年有洋商信隆行夥，請領聯單，來縣採買。」[27]

吉水縣：「邑內並無大商巨賈，惟出產紅瓜子薄荷油兩項，間有美商粵人來縣採買，分運九江粵省銷售。……折桂、中鵠等鄉，所收紅瓜子，已有美商新義泰洋行，來縣採買，每石可售洋六七元。……三十二年，收紅瓜子七八百石，每石可售洋六七元，薄荷油約收二三百斤，每斤售洋四五元。」[28]

鄱陽縣：「土產煙葉，其質頗佳，商人販運九江吳城等處，甚屬獲利。」[29]

另據《江西農村社會調查》中有江西農民對農產品的支配情況亦可以看出農產品的商品化提高的基本狀況：

・江西省農戶對農產品的支配情況表　　單位：%，平均數

支配情況／農產種類	自用	交租	出售
水稻	59.17	24.87	5.97
油菜籽	36.53	2.08	61.39
紅薯	87.15	1.01	11.84

27　傅春官：《江西農工商礦紀略》廣昌縣・商務。
28　傅春官：《江西農工商礦紀略》吉水縣・農務。
29　傅春官：《江西農工商礦紀略》鄱陽縣・商務。

小麥	72.56	1.12	26.32
甘庶	2.80	0.91	96.29
花生	23.16	1.71	75.67
芝麻	35.24	1.94	62.82
黃豆	35.07	3.89	61.04
芋頭	77.61	0.10	22.29
棉花	23.34	3.17	73.49
養麥	23.62	1.5	74.88

資料來源：經濟部正西省農村服務區管理處編印：《正西農村社會調查》，第107頁。

從上表我們可以看出，一些經濟作物均作為商品出售市場有些竟高達百分之九十六，其中相當部分保持在百分之六十左右。這一點和九江開埠後，對農產品的商品化拉動不無關係。

（二）經營方式發生變化

由於清朝地方政府的提倡，江西農業經濟中出現了一些「產銷結合」的資本主義性質的經濟實體。光緒末年，江西各縣大約興辦了大大小小一百多個農牧墾殖公司。各公司以集股的形式組成，每公司的資金由幾百元至幾十元不等。經營範圍包括農、林、牧、漁諸如種茶、植桑等。

一九〇五年，餘干大辦各種公司，發展經濟作物。舉人李思源招股在餘干中鄉設立墾荒牧植公司，試種茶、桐、蔗、棉各品，並籌辦熬腦、製糖、壓花、織布各事，開辦後，即種茶、桐各一萬多株、糖蔗二十多畝；紳士戴書升（增生）、戴書雲（副貢）集股三千元，舉辦質地種植公司，租賃黃金埠旱稻田兩百餘畝，改種甘蔗，並開廠製糖，獲利頗厚，聞風而起自備資本開辦種植者有十餘人；同年貢生吳有機集股四千元雇工買牛，以官紳合辦形式，開墾蔡家洲官荒田兩百畝，雇工買牛，製器購種，以種植藍靛、蘿蔔為主；職員孔慶鑫集股兩千元創辦崇實墾牧公司，購荒山荒地一千多畝，招工開墾，種植甘蔗、茶、桐，兼營畜牧。

同年安福創辦馬家洲樹藝公司，墾荒一百八十多畝，試種花生、瓜、豆、蔗、靛等。各鄉仿辦者有姓集股開墾荒洲四十餘畝，種茶、桐六百餘株。

此外，臨川、高安、奉新求新墾牧公司經營種植、樹藝、畜物三項。高安益華公司兼營畜牧。一九〇八年江西巡撫咨報立案覆准，在江西省城德勝門外南昌之北鄉富有圩設立江西樹德墾牧公司，徐紹楨為辦事人，集股銀兩萬兩，訂開辦章程十二條，種植菸草、棉花，並經營黃麻、烏柚、小藍、水果、瓜豆等多種農作物。現將一些主要農副業經營方式轉變作些簡要地介紹：

蠶桑業：江西種桑養蠶歷史悠久。其鼎盛時期在唐、宋、元朝。明朝末年，江西蠶桑生產逐漸下降，有的地方已處於毀滅的邊緣。鴉片戰爭以後，因種桑養蠶有利可圖以及清廷對蠶桑生產比較重視，蠶絲大量出口，江西蠶業有所發展。種桑養蠶的區域也不斷增大，其分布區域據清末編寫的部分縣志和一些史書記載，江西桑蠶主要分布在三十五個縣（市）：南昌、新建、安義、九江、湖口、彭澤、都昌、星子、德安、永修、武寧、修水、宜春、豐城、上高、清江、高安、上饒、鉛山、橫峰、弋陽、餘江、餘干、鄱陽、樂平、臨川、南城、南豐、宜黃、樂安、崇仁、泰和、永豐、吉安、萍鄉市。[30]光緒六年（1880年），九江海關曾報告：「數千萬株的桑樹已經種植下來，兩三年之內即可飼蠶。」[31]由於投入少、產出快、效益高這個原因，蠶桑業得以迅速發展。光緒十年（1884年）瑞州知府江毓昌編寫《蠶桑說》一書，敘述栽桑養蠶技術，引進接桑簡便法，也極大地刺激了江西桑蠶業的發展。

一八九六年，南昌成立蠶桑局並買城外荒地，栽種桑秧。又贛州試種桑，滋長迅速。蔡金台等於同年年初，在江西高安設立蠶桑學堂。這是近代中國第一所農業專科學府。他們從浙江湖州採購桑秧蠶種，試驗栽養，以考求種桑養蠶之法。又聯名具呈，向江督張之洞稟請對學堂所購桑秧蠶種及學堂所產蠶絲都予暫免釐稅。三月十六日，經張之洞奏報，奉旨發交總署、戶部會議。總署、戶部商同批准意見奉旨依議後，由總署咨行贛省暫免釐稅。

同年江西布政使翁曾桂在南昌創辦蠶桑局。委派署理南昌知府江毓昌總司考核，通判閻賡良提調局事，候補縣丞江忠修等隨同照料。延聘熟悉蠶桑幕友一人，招雇浙江蠶師三人。於省城東北隅永和門內購園地，縱橫百數十丈，遍植湖桑；建造育蠶繅絲等屋六十餘間，作為教導鄉民接桑養蠶公局。先就本地野桑，試

30 TradeReports，1880年，九江，第78頁，轉引自姚賢鎬《中國近代對外貿易史資料》第三冊，中華書局1962年版，第1499頁。
31 同上。

育春蠶。召集鄉民穎悟子弟，供給飯食，長年住局，學習飼葉接枝諸法。學成後，量其才能，推升工師，酌給勞酬，令分赴各州縣轉相傳授。並先於春間委派候補主事萬中傑赴浙江湖州購到桑秧十數萬株，免費分發紳民領取栽種，數日之內即發盡無餘；而民情踴躍，欲領者猶紛來不已。又刊刻《蠶桑輯要全書》、《種桑秧簡便法》、《種桑事宜》、《養蠶良法》等，頒發各府州、飭令督率下屬審察土宜，廣為勸導，實力舉行。同時廣泛收購蠶繭，使民間知有銷路，保障利益，群起爭趨。

一八九七年《農學報》第一期、第二期、第十期、第十四期分別刊載「課桑述聞」,「課桑續聞」、「探訪桑價」、「蠶桑成效」等文章，多次報導當時恢復和發展蠶桑生產的情況。如「課桑述聞」載：「江西翁方伯委大使赴浙採辦桑株二萬，南昌守備委蔡少伊購桑株萬七千，饒州守委潘少伊購萬五千株，吉安守委錢參軍購二萬株，均招民領種。」「課桑續聞」載：「奉新縣鐘大令同紳士等，籌款購湖桑二萬株，將荒地開墾栽種，每地一畝，約種四五千株，招民領種。如有不諳種法者，至課桑局學習，出示告諭，並附蠶桑事宜六條，以教農民。」更有紳商劉芋珊出資在贛州南鄉種桑十三萬株，並聘請龍南蠶師教種桑養蠶等事，「保繭頗多」，故擬「再添種二百萬株以冀推廣而開風氣雲」，[32]桑蠶業由此成為江西資本主義農業的先聲。

沿至一八九七至一八九八年，因省憲當局倡導，蠶桑生產在

32 《農業報》第十四期，光緒二十三年十月下。

江西旺盛興起。南昌之外，贛州地區亦創辦「贛州蠶桑總局」。各府州縣或行文出示，或積極試辦，漸蔚成風氣。一九〇三年，南昌桑蠶局經營的桑蠶業取得顯著成效，「育蠶繅絲，織成縀縐，僅較湖絲略遜一籌。鄉民領取桑秧者，日益眾多。各屬聞風興起，亦多種桑養蠶」。[33]

家禽業：江西農村所養家禽種類單一，主要是雞和鴨，而養鵝有一定的地域性。

江西傳統養雞業是自給性的農家副業。以放養為主，管理十分粗放，生產等量重複。十九世紀中葉，江西民間普遍使用公雞去勢肥育技術。雄雞「發風動火，為病家所禁。鐓之，則名線（閹）雞。鄉俗鐓雞用小刀，去其勢（睾丸），旋縫以線。否則創口易開。線之則創口愈密，飼之愈肥」。[34]

麻鴨是江西古老的地方品種，蛋用為主，後發現其醃製品味佳，製成板鴨。清道光二十九年（1850 年），大余縣南安鎮方屋塘村一賴姓農民將自養麻鴨宰殺、脫毛、除去內臟，再用鹽水浸泡，然後日曬夜露，干後食用。因是泡醃而成，又稱泡醃鴨。由於泡醃臘味濃香，肉嫩骨脆，農家紛紛仿製。當時，大余縣城內廣東籍商人黃利昌和梁廣昌經營的雜貨鋪也經營泡醃，並通過當地經紀人收購泡醃裝桶，桶外以籮簍加固，運往廣東南雄，再水運至廣州銷售。泡醃經歷多年加工工藝的不斷改進，改簡單的鹽

33 傅春官：《江西農工商礦紀略》南昌府・農務。
34 清同治《新淦縣志》。

漬法為擦鹽，清洗，繃板（即將鴨胴體在木板上定型呈板狀）造型，加工成定型美觀，皮色潔白，皮薄肉嫩，尾油豐滿，骨脆可嚼，味香可口，具有江西地方特色的南安板鴨（清南安府治大余，轄大余、南康、上猶、崇義。故板鴨以產地名冠之）。每年回廣東、福建探親的港澳同胞、海外僑胞常帶南安板鴨出境供自食或作為餽贈親友的佳品，板鴨很快在港澳地區和東南亞各國市場上享有盛譽，並遠銷南美各國和加拿大。南安板鴨被譽為臘味之王。江西其他縣鎮，也紛起仿製。一九一〇年，江西特產總會印製的物產說明書中就詳盡介紹了豐城板鴨（工藝原料同南安板鴨）詳細的醃製技術和在京、津、滬、漢等地銷售情況。

另外在養魚方面，光緒二年（1876 年）意大利人柯卜斯克氏在九江實地考察，撰寫《江西的養魚法》，記述了江西九江地區捕撈魚苗、運輸魚苗和飼養培育方法。

畜牧業：江西畜牧業，儘管備受帝國主義、封建主義、官僚資本主義的摧殘，但仍有一定程度發展。

清咸豐十年（1858 年），九江開放為商埠，江西開始出現商品生產的民營畜牧企業，始有商品生產的乳牛業。光緒元年（1875 年），方子彬在九江開設裕興乳牛行，固定資本四百（銀元，養中國種黃牛二十頭，設備簡陋，由工人牽牛至飲戶門前擠乳出售，年售乳收入約一千（銀）元。牽牛上門擠乳供應，為黃牛用於商業性擠乳之始。[35]一九〇四年蔣炎松在九江開設乳牛養

35 《江西年鑑》民國 25 年。

殖，同時，清江稟生鄒欽爵創辦農業公司，專事畜牧、墾樹由地方撥給荒地。其食牛公司畜有牛十頭、羊二十頭所營收入與地方分成。在進賢成立吉羊達畜牧公司，養羊達一百二十隻之多。一九〇五年，曾秉鈺在南昌設立永昌樹會畜牧公司。一九〇八年方裕興兄弟公司在九江開設的牛乳行等等。江西牛乳業呈現蓬勃發展之勢。

晚清時期，江西不僅養牛科學技術已有較高的水平，在畜禽育種、飼養、疫病防治和畜產品加工等領域皆有所發明，有所創造。一批農書和以醫治耕牛疾病為主的傳統獸醫學的專著相繼問世，流傳於民間，如《梭山農譜》、《養耕集》、《醫牛藥書》、《抱犢集》、《醫牛寶書》等。

進入二十世紀後，南昌、進賢、清江、奉新等地有經營牛、羊、豬、馬、家禽的公司和飼養場。萬年縣設勸牧所，為村民傳授滋生餵養之法。萍鄉因煤礦、鐵路職工多，六畜銷場極多，畜養雞鴨鵝最繁，居民視為一小利藪。

（三）農業技術的推廣

古代推廣農業技術，通常是靠有經驗的農師言傳身教。由司農官員、地方官吏勸農和農學家等編撰、刊印農書、發送農作物品種、農器具等。至清朝末年，則採取發布告示、農產展覽、召開賽會、舉辦培訓班等方式方法傳播交流農業技術，促進技術普及。

光緒二十二年（1896 年），瑞金人陳熾著《續富國策》一書，呼籲參照新法，講求農學、耕耘、培壅、收穫，提出了改變中國傳統的農業生產方式，採用西方農業經營和生產技術的主張。

一八九八年，上諭令：「全國各省府州縣，皆立農務學堂，廣開農會，刊農報，購農器，由紳富之有田業者，試辦以為之率。」同年年底，南昌縣孟子卿擬撥官地一區，勸集公款創設農務學堂，並仿照西法，購置一切農書，農器，宣傳和推廣先進的農業生產技術，以辟利源。

一九〇二年五月，江西巡撫以本省實業未興，生財無術，奏設江西省農工商礦務總局，以糧道觀察劉心源督辦局務，詳定簡明章程，通飭各屬設立分局，統籌所屬經濟發展要務。

一九〇三年，江西撫州知府何德剛調查總結撫各縣農民生產實踐經驗，編寫成《撫郡農產考略》，分穀物類和經濟作物類二卷，該書專記撫州地區的農作物栽培方法，其中對水稻品種記述和對合理施肥尤為詳細，特別提出種草類、腐稻類、敷藥料，應是制肥的重要辦法。施肥則有原肥（基肥）、補肥（追肥）之分，「化土則用糞為先，而使瘠者為費，滋苗則用於糞於後，徒使苗枝暢茂而實不凡繁」。其中還最早記載用膽礬（即硫酸銅）和石灰配製成合劑，防治樹木蟲害的方法。

一九〇四年，金溪縣農工商務局發出告示，無論何人，種植苧麻、甘蔗等作物，如其種法收效較好，經四鄉逐一比較，擇其高等者，獎給洋錢四元，紅布一丈，並將種法榜示局門，連續三年均得獎者，獎給頂戴功牌，以推動苧麻種植。江西各地都在不同程度上實行類似的獎優法。

一九〇四年江西省農工商務總局在南昌府進賢門外南關口設

立農事試驗場，龍鍾洢任場長，係江西農業科研機構之始。考送學生傅爾斌等十二名，咨送東洋學習實業。購置化學儀器，開展科學試驗，覓致佳種。租賃民地一百四十餘畝，招募農工，即從事桑蠶生產，又種植水稻、大麥，棉花、大豆和蔬菜等多種農作物，同時，還開設牛馬牧場和魚池養殖，並設立實業學堂，招考學生百人，聘請日人為教員，講授農學、數學、理化、博物等科，全新運作的農場的出現，是江西近代化過程中的一個新鮮產物。

一九〇四年，《江西官報》連載臨川知縣江召棠撰寫的臨川一邑農業生產的地方性農學文章《種田雜說》，總結臨川種田經驗，介紹科學種田方法，在全省產生廣泛影響，各地紛紛倣傚。

一九〇五年，江西農工商礦務總局和學務處在農事試驗場內籌設江西實業學堂。招生一百餘人，初辦普通科，旋改高等預科，傅春官為總辦，龍鍾洢為監督。一九〇七年，江西實業學堂改隸江西提學使司，專課農業，改稱江西高等農業學堂，江西農業教育即始於此。同年八月，《江西農報》在南昌出版。初為半月刊，自第十一期起改月刊，龍鍾洢任主編。敘例稱：「以研究農術，發達全省農業為目的……闡古學之餘緒，師歐美之專長，改良土產，擴張利權。」九月農事試驗場龍鍾洢商請就場創辦農事研究會。次年，創辦農務總會，有會員五十九人，訂立開辦簡章十六條，勸業道委傅春官為總理，龍鍾洢為協理，經報江西巡撫批准立案，會址設南昌農事試驗場內。農會宗旨就是「振興江西農業」。

一九〇八年《江西官報》第七、八、九期曾連續介紹國外製造的茶葉加工機械，如萎茶機、揉茶機、焙茶機的構造、功能及購價、使用方法等。倡議推廣新機器新工藝。

一九〇九年，江西農工商礦務總局詳定種植章程，共十條。該章程以各廳、州、縣為督辦，清查荒山隙地，自種或集股開墾。對實力墾荒種植者實行獎勵，違則處罰。[36]

一九一〇年，江西女子蠶桑學堂開辦，勸業道委丁惟椽為監督，聘請蘇浙製絲教員任教。同年，南昌蠶桑講習所也應運而生。

勞動資料就是人們用來影響和改造勞動對象的一切物質條件，其中起主要作用的是生產工具。生產工具的發展水平，是人類控制自然能力的尺度，是衡量社會生產力發展水平的物質標誌。

晚清江西廣大農村「農之事具：耖田為牛，平田為耙、為蕩、為碌碡，起土為鍬，挖土為鋤、為鐵耙，耘禾為耘禾耙，灌田為水車，灌平田為牛車，巨輪旋轉，一車可灌數十畝。打稻為禾斛，割禾為鐮，扇谷為風車，曬穀為堵簟，簸谷為篩，舂米為碓，礱米為木栲」。[37]這些都是農村所用的傳統農具。

鴉片戰爭後，列強要求中國門戶開放，國外農業機械化成就引起中國關注。江西人齊彥槐改革農用水車，創造清代末期農具兩種提水機械——龍尾車和恆升車，受到林則徐的稱讚。

36 《江西農務叢編》。

37 曾福善等：《餘干縣誌》同治十一年版，第16-17頁。

二　非農產業的變動

非農產業是指當時的農家經濟中，直接的農業生產之外其他非農性質的產業。一般來說，它們可以分成農家成員副業性質的家庭手工業以及農村的地方工礦業幾種形態。受九江開埠通商的影響，江西的非農產業的變動表現在兩個方面，即傳統手工業逐漸衍變，新的工礦業得到了迅速的發展。

（一）手工業的衍變

九江開埠通商，加強了江西地區與國內外市場的聯繫，手工業在國際市場需求的刺激下繼續發展。直至民國初以前，江西的機械工業並不發達，手工製品占主導地位，其收入僅次於農業，居於其他各業之上。而在手工業製品中，以土布為最，瓷器、夏布、紙張次之，製油、紡紗、製米又次之。

手工棉紡業：江西紡織業，長期停留在手工業時代，一般農村之手工紡織異常發達。十九世紀末，外來棉紗開始湧入江西。機製紗初時只銷售於九江、南昌、廣信、贛州，後全省皆已流通。「國外棉紗輸入之數，常二倍或三倍由國內各埠輸入之數。」[38]手紡之紗不如機織紗勻細，「內地人民有盡用洋紗織成土布款式，取其工省，而價亦較土棉紗為廉，且較買市肆洋布，更為便宜」。[39]以致全省出現了「機杼不減於舊，蓋業布業者市

38　《江西棉貨貿易之回顧與振興棉織業之展望》，載《經濟旬刊》第 2 卷（1934 年），第 16 期。

39　《光緒二十一年九江口洋貨貿易情形論略》，《通商各關華洋貿易總

洋紗為之，貧婦計段責值而已」[40]的發展趨勢，全省各地無不織布之家，有的用洋紗與土紗混織，有的乾脆全用洋紗織布。「每日織出之布，則由家中男丁負入城內，向各專賣土布店零賣，隨時復在城內紗號零買洋紗歸家以供紡織。」[41]據江西省政府一九三〇年調查，吉水、豐城兩縣每年各產八十萬匹以上；龍南、峽江、清江、南康、新淦五縣，年產各在十萬匹以上；其餘年產數千匹至數萬匹的有南昌、東鄉、進賢、上饒、新余、安福等縣。十三縣合計年產約兩百八十萬匹，值三百四十萬元。另據棉統會一九三三年調查江西二十七縣，共產棉布九百餘萬匹。[42]足見江西手工棉紡織業的發達程度。

手工夏布業：江西全年衣被所需棉花約六十萬市擔，而江西省所產棉花僅為十五萬市擔，[43]為補充棉花之不足，便利用苧麻加工夏布，成為近代江西一種極普遍的農村手工業。全省八十三縣，除贛粵邊界及贛北鄱陽湖附近各縣外，均盛產夏布，其中以上高、萬載、宜黃、寧都等十九個縣區最為普遍，所產夏布最多。近代九江開埠後，夏布出口量大增，帶動了手工夏布業的發

冊》下卷，第 19 頁。引自彭澤益《中國近代手工業史資料》第 2 冊，第 212 頁。

40 《廬陵縣誌》卷四，宣統版。

41 彭澤益：《中國近代手工業史資料》第 3 卷，生活・讀書・新知三聯書店 1957 年版，第 215 頁。

42 嚴中平：《中國棉紡織史稿》，科學出版社 1955 年版，第 261、266 頁。

43 吳宗慈：《江西通志稿》第 20 冊，第 100 頁。

展。夏布最旺盛時期是清末民初，加工夏布的家庭遍於鄉間。德興縣的農村到處都見家庭加工夏布，「篝燈四壁，機聲軋軋，捽髮之謀，常取具於是」。[44]機杼之聲在萬載也處處可聞，全縣有一百多家作坊從事夏布生產。上高縣最旺盛時每年有百萬元的夏布進行交易，宜黃則為「各處夏布集中之地」。[45]至一九三三年，江西夏布的產量是九十四點七萬匹，[46]占同年全國夏布總產量兩百一十萬匹[47]的百分之四十五，居全國第一位。

江西生產的夏布，除供江西省需要處，國內銷往無錫、蕪湖、常州、蘇州、海門、上海、北京、山東等處，僅石城一縣每年銷往外地的就達十萬匹，國外主要銷往朝鮮、日本、美國等。從一九一二年至一九三〇年，江西總輸出三十五萬擔，平均每年輸出是約為一點八萬擔，「江西夏布運銷國外者，約占輸出量的三分之一至二分之一，餘者則運銷國內各埠」。[48]每年有六千至九千多擔銷往國外。同一時期，全國夏布輸出國外四十多萬擔，年均輸出兩萬多擔，江西年均輸出量為全國的三分之一至二分之一。

由於手工業產品在國內外市場的競爭較強，成為出口的優勢產品，相應地帶動了江西各縣一些特色的手工業發展。

44　《德興縣誌．物產卷之一》，民國八年刊本。

45　商衍鎏：《江西特税紀要》（調查），1929年鉛印本。

46　《江西年鑑》，1936年版，第942頁。

47　彭澤益：《中國近代手工業史資料》第3卷，生活．讀者．新知三聯書店1957年版，第80頁。

48　張景瑞：《江西產業現狀之檢討》，《實業部月刊》第1卷第2期。

九江：「手工織布業，大都分布於小南門及塔嶺北路，多為農民副業，然亦有專作此業者。每家二、三機或四、五機不等。……土布銷路除本市外，以四鄉鎮及鄰省較近之縣份為主。」[49]

永豐縣：「該縣人所織夏布，向分春秋兩邦出運，本年春邦共運出一千一百三十餘捲，每捲價銀十七八兩。」[50]

安福縣：「上年（光緒三十一年）出腦（樟腦）不尚旺，所出之腦，運往九江，轉運外埠銷售。」[51]

瑞金縣：「該縣惟毛邊紙一項為出產大宗，現令紙槽人等，湊集資本，購機仿造洋紙。」[52]

石城縣：「坪山一帶，素以造紙為業，紙料尚稱堅白，未停科舉以前銷路甚廣，年出口不下百萬之數。」[53]

全省各縣手工業產品年收入並無確切統計，但根據當時的各種數字，再參照三十年代的產銷情形，可斟酌近似數字，其情況大體如下：

這些手工業產品的生產與出口，既解決了農民日常生活所需，亦相應地增加了農民的家庭收入。

49 《中國近代手工業史資料》第四輯，第551、553頁。
50 傅春官：《江西農工商礦紀略》永豐縣・商務。
51 傅春官：《江西農工商礦紀略》安福縣・工務。
52 傅春官：《江西農工商礦紀略》瑞金縣・工務。
53 傅春官：《江西農工商礦紀略》石城縣・商務。

・民國初期各種手工業產品一年收入的近似估計

品名	產量	單價	總值	占全省各項收入的%
瓷器	200,000 擔	20.00 元	4,000,000 元	9.96
土布	9,453,600 匹	1.00 元	9,453,600 元	23.54
夏布	604,000 匹	8.00 元	4,832,000 元	12.03
紙張	462,664 擔	15.00 元	6,939,960 元	17.28
紡紗	55,000 擔	50.00 元	2,750,000 元	6.85
製油	35,000 擔	15.00 元	5,025,000 元	12.51
製糖	80,747 擔	10.00 元	807,000 元	2.01
燒炭	754,450 擔	1.00 元	754,450 元	1.88
製米	8,640,000 擔	0.30 元	2,592,000 元	6.46
其他		4,000,000 元	9.96	
合計		40,154,010 元		

資料來源：寄生：《正西人民之所得估計》，載《經濟旬刊》第 7 卷，第 1 期。

（二）新興手工業的出現

外國資本主義的侵入，對於中國的經濟社會起了很大的分解作用，一方面，破壞了中國自給自足的自然經濟的基礎，破壞了城市的手工業和農民的家庭手工業，又一方面，促進了城鄉商品經濟的發展和新興手工業的發展。新興手工業是隨著資本主義經濟的增長而產生的，其在商品經濟指導下產生，利用原動力進行生產，一般機械化或機械化生產。二十世紀初，江西民族資本開始紛紛投向錫箔、火柴、織布、肥皂、瓷器、樟腦等新興手工業。

錫箔製造業：南昌錫箔業的出現雖較晚，但卻是一個相當發達的行業。咸豐年間，鑒於福州錫箔製造業興起較早，而生產技術秘不外傳，南豐人譚富仲「隻身走福州」，裝作啞巴，進入錫箔坊任雜役，「默習之」。任事三年後，回到南昌自設錫箔坊，並傳其秘訣於南豐人。自後南豐人繼起設立者，不下八十餘家；傭工者，且至數千人。後來，南昌石頭街建立了南豐會館，南豐人為了紀念他的功勛，特於會館內設木主以祀之。

光緒年間，南昌錫箔業進一步發展，每一個錫箔工場，「自熔錫至裝，凡幾十餘易手」，完全「聚名工於一處」。這表明，製造錫箔的每一道必須工序，都是在一個工作場所來完成的，而根本沒有「場外部分」。其事事由司櫃者經理，皆稱日作坊。每一作坊之內，多至百數十人。在每一個工場內，製造成一件錫箔，從熔錫、鑄塑、打鎚、壓薄、裁剪頁子、磨紙等，都需要經過這十幾道工序。自熔錫製成箔坯，再打鎚成闊狹、厚薄不同之錫箔，工人以「工之優絀而定等差」。以後再用褙拾齊、綁箔。進行這些操作的工人，叫作「工匠」，大都採用「學徒制」，他們都按照工序來明確分工。內部分工非常細。工人工資分為計件與計時工資兩種，「褙箔者，以張數計發給工資，餘則皆以月計也」。只要司櫃者經營得當，「則每日所出必較他家為稍勝」。同時，各工場之間建立了工人組織，以便與鋪主（工場的開設者）之間展開鬥爭，維護工人合理權益。

關於銷售方面，南昌所製造出來的錫箔是運往各地的重要商品之一，雖品質較閩箔與杭箔稍遜，但在長江中下游和長江北岸各省都有廣大的市場。「凡漢口、樊城、安慶、荷葉洲、蕪湖、六合、淮上等處均有積貨，而出貨之處，以省會為最多。」但是長江中下游還不是南昌錫箔業的主要市場，其主要市場是長江北岸的各省，其中特別是河南、山西兩省。記載說：南昌錫箔「轉賴北省銷行，而北地又以河南、山西為最」。其所以如此，是因為浙江、福建兩省的錫箔多銷於長江以南各省（江西除外），而南昌的錫箔在長江以南各省則「直無購之者」。在上述商品市場中，進行錫箔販運的，一般是由兩部分商業系統就來進行的。第一，是由南昌錫箔工場，直接把產品運到長江中、下游各大城鎮，並在那裡開設「棧房」，或零星出售，或大宗批發。記載說：「由長（江）而下至於清江浦，凡有口岸，皆投有囤貨棧房……計其中養活之人，殆以萬數。」這表明：錫箔產地與長江中、下游間的商品經濟聯繫已經密切和穩定，商業活動也日益頻繁，使那些經營錫箔工場的工場主感到客商來進行收購，會降低錫箔價格而使自己受到損失，於是他們自己設立商業業機構，專門任銷售市場上，進行推銷。第二，是由長江以北各省來的客商，在南昌進行收購，由自己運回本地出賣。像這樣的客商，一來就是大幫的「連帆而至」，所以南昌人把他們叫做「客幫」。他們在南昌沒有自己固定的商業機構，只是隨來隨買，但他們卻和南昌錫箔工場建立了固定的商業聯繫。正因為如此，長江以北各省，特別是河南、山西兩省一旦發生兵亂和災荒，就會直接影響到南昌錫箔業的生產。例如，一八七六年到一八七九年（光緒二年到五年），長江以北各省，特別是山西、河南，陝西、山東等幾省發生了嚴重的旱災，並且直到十九世紀八〇年代初農業生產還沒有完全恢復起來。由於南昌所製造出來的錫箔，多銷往這些省份，而購買對象尤以廣大的農民為主，因此，兩個地區的商業聯繫被截斷了。記載說：「自豫晉告災以來，商販絕跡，箔業遂為減色。近聞此兩省，雖年豐漸登，而元氣未復，客幫之來江者，仍屬寥寥。」就在此期間，引起了南昌錫箔工場紛紛倒閉。在一八七六年以前，南昌錫箔工場共有「八十餘家」，那時每家都個「多至百數十人」，而到了一八七八年只剩九家了。此後，南昌錫箔工場，忽增忽減。由此可見，長江以北各省農村經濟的興衰，直接影響著南昌錫箔業的發展或衰敗。

手工織布工場：江西手工業生產迅速發展，各縣紛紛辦起了官辦與民辦的工藝所、習藝所，進行手工織布生產。一九〇〇年，曾秉鈺獨資萬金，在南昌設立「工藝局」，仿織各種洋布。各地多派人來局學習，創開風氣之先。一九〇四年，縣令而步瀛集股設立勸工局，仿照同濟公司辦法，用人力織布機六張，毛巾、高麗巾機各一張，織造毛巾、東陽線布、土布等項。當年，清江縣教職孫葆辰集股一萬元，在距縣城七里的中洲地方創辦金鳳有限公司，購進布機五十餘架，招收本地女工，從上海聘定頭等工匠六名，專教組織各式柳條洋布，每月出布十餘匹。同年，鉛山典史張贊霖、邑紳饒曾春集股龍洋四千元創設鼎新織布公司，赴滬購買了織布機，在漢口採買了棉紗，並用織工二十餘人，於一九〇七年織成了各布，進行染色，產品尚為可觀。隨後，連偏僻的龍泉縣也有舉人梁世灘出來集股在縣城創立織布公司，選派子弟五人送往江南工藝局學習。在江西地方政府提倡下，江西織布工廠發展較快。據《世界年鑑》一九一三年統計記載，江西全省共有工藝局、所、場九十七家，其中工藝局七家，所七十六家、勸工場四家，公私建築工場十家，幾乎每縣都有，分布廣泛而均勻。但是從生產規模和資金來看，都比不上商辦的織布公司。以資本為例，最大者是由省柯逢時一九〇一年創辦的工藝所，資金五千兩，為商辦公司的一半，最小的是一九〇五年創辦的弋陽工藝所，資本僅為一百五十元。

火柴廠：火柴製造是鴉片戰爭後從國外引進的新型手工業。一八九九年，參軍涂子良在九江創辦榮昌火柴公司，用手工方法製造火柴。後因資本不敷，於一九〇〇年停工。一九〇一年六月在漢口招股後復工。日產十餘箱，牌名雙鶴，根數較洋火柴為多，主要銷售本省，銷況旺盛。後來該公司在天津設立分廠，生產火柴的牌號有「汽車」、「斧頭」、「洋錢」等。該廠的開辦有效地抑制了火柴的進口，日本火柴在九江市場上就根本沒有什麼銷路了。後日本等國家紛紛改進技術，採取卑鄙的競爭手段，將其低價的「洋火」大量傾銷於江西各地，江西本地所產之貨，不及洋貨穩定潔淨，無法與其競爭，堅持數年後，該工廠被迫轉賣。

樟腦業：因江西境內多有樟樹，陳熾《續富國策》曾倡導熬取樟腦。一八九九年，江西「民間始知熬腦之法」，吉安開始採取土法煉製樟腦和樟油。次年，劉紳在贛州創辦江西樟腦公司，製成的樟腦運往漢口、上海等地銷售，每石（120 市斤）售洋百餘元。一九〇三年春，省農工商礦務局在南昌德勝門外建立樟腦廠，由藩司撥銀三千兩作為開辦費，著手錬製樟腦。至一九〇四年，民間熬製樟腦經稟准設立的公司有南昌生利、新建興利、贛州益華、萬安務本、南安同益、盧陵裕華、清江志成、龍泉開源、安福章華、吉水福利等十家。其中南昌商人梁基創辦的生利樟腦公司，設灶熬腦於泰和、星子、宜春三處，規模可觀。新建商人薛維員創辦的興利樟腦公司採料於南昌、瑞洲、袁州、臨江四府，開源較廣。遂川廩生郭振聲以三百元創辦開源樟腦公司，採料萬安，就地設灶，由於經營得法，所出之貨，廣商、贛客至廠爭相購買。贛縣林品珊等以商辦形式創設益華樟腦公司，至一九〇六年就出樟腦 25650 斤，售洋 23130 元，獲利頗豐。

此外，南昌的熊葆丞於一九〇六年創辦製造廠，專製洋式木器。九江的范錫庚於同年創辦製蛋廠，均是當時的大膽之舉，也說明江西人不甘落後。另外，據一九一二年統計，江西已有針織業四家，職工四十六人；成衣業十六家，職工兩百四十八人；制線業六家，職工九十四人。這些工場基本上成立於清末。

新興手工業是受資本主義經濟的增長以及手工業生產直接受到國際市場需求的影響而產生的。九江開埠後，外國資本主義經濟的侵入，本省民族資本的發展，使農村手工業產銷系統發生了某些質的變化，資本主義經濟成分的作坊、工廠相繼產生，產品交換從零細交易到大批收購，農村手工業者通過交換過程而隸屬於商業資本，家庭手工加工業與商業資本相結合，這種變化在十九世紀末以前便已發生。家庭手工業者通過產銷的變化，成為工業資本家的僱傭工人。一些商人採取供給手工業者原料，讓其在家加工，待收回成品時付給工資的經營方式，這種形式「就意味著在資本主義關係的發展上跨了很大一步」，使「手工業者 defacto 成了在自己家不為資本家工作的僱傭工人，包買主的商業資本在這裡就變成了工業資本。於是資本主義的家庭勞動形成了」，[54]這就是商業資本向工業資本的轉化，這種商業資本非但支配了手工生產品的交換過程，而且進而控制了手工生產品的生產過程，手工業者失去了獨立資格，他們不再以出賣產品的形式去為商人工作，而是以出賣勞動力的形式去為工業資本家工作，家庭成為工業資本的生產單位，產生於二十世紀初。這種家庭勞動形式逐漸擴大成為資本主義的工場手工業生產，寧茶振植有限公司便是一個典型的手工業製茶工場，它的生產已經是純粹的工業資本形式，生產的效益直接與市場需求相聯。這種資本主義家庭手工業生產的形成是封建經濟在解體過程中由自給生產或小商品生產向資本主義經濟過渡的一種重要形式，也是商業資本轉化為產業資本的一條切實途徑。[55]

（三）農村小型礦業的發展

受資本主義發展的刺激，各縣鄉小型礦業也得到較快的發展。以煤業為例，由於輪船往來，九江地區對煤炭的需求不斷增加，相應的也帶動了周邊地區工礦業的發展。傅春官的《江西農工商礦紀略》瑞昌縣・工務載：

> 光緒三十一年，沙令上鑄表稱，東鄉龍興源概括楊姓山場，有煤礦一處，約出煤三萬餘石……南鄉則乾洞壟、田堡阪、淨水壋、杉木港、大坳、兩峰尖、難音洞、乾港、張家

54 《列寧全集》第3卷，人民出版社1959年版，第328頁。
55 萬振凡、林頌華主編：《江西近代社會轉型研究》，中國社會科學出版社2001年版，第57-58頁。

港、楊樹港、岩山窊；西鄉則王山嶺、桃區、尖瓜山、萬丈紅杉樹坪；北鄉則袁傳家泉、楊家沙灘等處地方，共有煤礦二十餘處，每礦約出煤三五萬石及數千萬石不等。……均系鄉民自行開採。

樂平縣・礦務載：

三十一年六月，張令樹森表稱，茅屋場四處，出煤甚多，煤質亦佳，其紅火煤一種專銷省潯兩處，可供輪船及機器廠之用。……七月表稱，張家山煤礦，本地居民，設立春豐廠，集資開採。……茅屋場現在煤價，每百簍約五十元上下。

隨著九江通商的發展，以及洋貨的大量深入，為了平衡貿易逆差，亦使得江西內腹地區的產業結構開始發生變化。即工礦原料和製造品亦開始融入出口貿易當中。尤其是北洋政府鼓勵工礦業的發展，並相應的頒布了一系列法律，對工礦業加以保護，江西內腹地區的鄉村亦出現了興辦近代工礦業的浪潮，申請給照者層出不窮，據不完全統計，約有一百六十八家。

有一點需要指出的是：外國資本主義的經濟滲透對江西商品經濟的打擊和破壞作用遠遠超過了它對江西商品經濟的刺激作用。隨著外國商品的大量輸入，江西商品生產比較發達的手工業相繼遭到打擊，生產者和經營者紛紛破產。比如造紙業是江西比較發達的手工業，鉛山縣和石城縣是江西造紙業的兩個中心地區，鉛山「紙張一項，昔年可售銀四五十萬兩，」但到光緒末年，因「洋紙盛行，售價不滿十萬」；[56]石城縣「素以造紙為業，紙料尚稱堅白，未停科舉以前銷路甚廣，昔年出口，不下百萬之數」，但到光緒末年，也因「洋紙盛行，銷路既滯，歇業者十居八九」；[57]景德鎮的陶瓷業在明清之際已有資本主義的萌芽，其瓷器在乾隆時期為江西「出口貨第一色」，然而，到「咸同以降，出口大減，而洋瓷入口，歲且百萬」；[58]夏布也是江西銷路較好的產品，但是，由於洋布的輸入，「非但各省銷路頓窒，即贛省本地人亦競購外貨，而布業一落千丈，紛紛虧蝕收歇」。[59]不僅如此，就是出口增長很快的茶葉，到八〇年代以後，也由於在國際市場上受到日本、印度、錫蘭等地茶葉的競爭，也日趨衰落下來。義寧州本是江西著名產茶區，但是，由於「外茶日興，中茶減色，製造不精，莊用及關稅加重，種種折算，出戶所入不過十分之一」。[60]因此，茶家紛紛轉行。義寧州茶葉生產的衰落，也導致九江茶市的衰敗，「茶市逐漸移至漢口，九江洋行、茶莊均先後收縮或停業。於是一般茶莊不得不改弦更張，另闢途徑，轉趨於茶棧業，專營轉運報關之事」。[61]在大量的機製產品輸入亦使傳統的手工業受到極大的衝擊，亦迫使一些傳統的產業

56 傅春官：《農工商礦紀略》鉛山縣．商務。
57 傅春官：《農工商礦紀略》石城縣．商務。
58 林傳甲：《大中華江西省地理志．稅關》，1919年版。
59 《時報》：宣統三年正月二十八日。
60 龔溥慶：《師竹齋筆記》，卷三。
61 《工商通訊》第1卷（1927年），第19期。

轉型，並開始向近代工業過渡。

三　近代工礦業的產生

西方資本主義的楔入，在土洋貨相互碰撞中，迫於落後的生產方式敵不過資本主義機器大工業的競爭，因而產生了改革生產方式、發展資本主義的強烈願望和要求。江西一些較先覺悟的紳商力圖從興辦近代企業、發展民族經濟方面來抵制洋人的侵權奪利。例如：一八九二年，江西紳商各界曾上奏清政府，「稟請創辦內河小輪、西式瓷器、蠶桑學堂、以擴商務」。[62]一九〇四年，黃大爊等紳商從對「紙張為江西出產大宗，近來洋紙盛行，銷場已滯，而價值反日見增昂，愈難抵制。若不設法改良，利權恐將盡失」的認識出發，建議集股創辦「江西機器造紙公司」，作為「當今急務」，以期實現「振興土產，抵制外商」的目的。[63]上述事實表明，「振興實業」、「設廠自造」、「挽回利權」，成為十九世紀末、二十世紀初江西商紳發展民族經濟的口號並開始嘗試。成為江西民族資本主義經濟初步發展的內在動力。

（一）新式工礦企業

由於二十世紀初清政府推行新政改革，支持和鼓勵私人投資創辦近代工業企業，加上收回利權運動的推動，這就為江西近代

62　《清德宗實錄》卷三百八十五，轉引自南開大學歷史系編《清朝經濟史料輯要》第 253 頁。

63　《江西農工商礦局紳黃大爊、陳立三、劉景熙、胡發珠創辦機器造紙公司稟批》，載《江西官報》甲辰年（1904 年）第 14 期・奏牘二。

工業的興起提供了良好的社會條件和機遇。以此為契機，江西近代工業企業的創辦顯現了一個小小的高潮，興起了一批各種各樣的近代工業企業，其中資本在萬元以上的企業有十三家，資本總額一千九百二十一千元，詳如下表：

・清末江西主要工礦企業一覽表

企業名稱	開辦時間	所在地	創辦人	資本／千元	經營性質
景德鎮瓷器公司	1903	景德鎮	孫廷人	55	官商合辦
萍鄉瓷業公司	1904	萍鄉	黎景淑	200	商辦
江西機器造紙廠	1905	南昌	黃大壎等	420	官商合辦
江西省城電燈廠	1906	南昌	賀贊元	70	商辦
吉祥機器磚瓦廠	1906	南昌	徐家藩	14	商辦
徐塘煤礦	1907	新建縣	朱載亭	168	商辦
保源滇料有限公司	1907	景德鎮	陳庚昌	40	商辦
贛州銅礦局	1907	贛縣	沈瑜慶	208	官辦
江西樟腦官局	1907	南昌	洪嘉蔭	69	官商合辦
開明電燈公司	1908	南昌		260	商辦
餘干煤礦	1908	餘干縣	沈瑜慶等	112	官辦

厚生機器輾米廠	1908	南昌	肖庚良	140	商辦
日新瓷業公司	1908	景德鎮	程簇	20	商辦

資料來源：根據杜佝誠《民族資本主義與舊中國政府》附錄「歷年所設本國民用工礦、航運及新式金融企業一覽表」編制。

除了上述資本在萬元以上的企業外，還有呈山煤礦、集益鐵礦公司、上埠窯業有限公司、恆泰麵粉有限公司、鼎新織布公司、志強織業公司、肇興機器廠、生利樟腦公司等數目難以詳考的資本在萬元以下的小型企業。這些近代工業企業雖然分布不平衡、結構不合理、設備簡陋、規模不大、資金短缺，在全省經濟總值中比重不大；但是，這些近代工業企業的創辦，表明了先進資本主義生產方式和經濟勢力在江西的生根和興起，它為以後江西近代工業企業的創辦和發展開風氣之先，奠定了一定的基礎。

（二）近代礦冶業

江西礦產資源十分豐富，當時已發現的有金、銅、銀、鐵、錫、錳等，非金屬礦藏也發現的有煤、瓷土、硫黃、石灰石、滑石、雲母、火黏土、黏土等九種，遍布境內五十餘縣。清代由於「礦禁未開，僅有煤炭小礦供爨。鐵器運自閩湘，無自鑄者」，[64] 許多本省可以生產的東西，卻要依賴鄰省。至十九世紀末，在救

64 《江西農工商礦紀略》南昌府・商務。

亡運動與「實業救國」思潮推動下，與加工製造業興起的同時，江西出現興辦新式礦冶業的熱潮。據不完全記錄，自光緒二十四年（1898 年）萍鄉煤礦創辦，到二十世紀頭十年，江西先後有二十多家新式礦冶業問世，其中煤礦十餘家、鐵礦四家、錳礦三家、銅礦兩家、滑石礦一家。這些礦業企業的出現，標誌著江西近代採礦工業的初步發展。

一　煤礦業

萍鄉煤礦：萍鄉煤礦是中國開發最早的近代大型煤礦之一。在江西袁州府萍鄉縣南十五里安源地方，發現時代甚早，其先不過以土法開採，所出之煤，僅供民間炊燃，不能燒煉焦炭，以供機器製造之用。

光緒十六年（1890 年），湖廣總督張之洞奏准創辦漢陽鐵廠。所需焦炭，最初購於英、比等國，其價格過貴；後用寶慶白煤，但其火力不足，容易造成鐵液融結不流，爐座受損；又用湖北所開的王三石煤礦，又以含水量過大而中止；用馬鞍山之煤，因含硫過多，不參開平焦，不能練成鐵；又用開平之煤，每噸運費要銀十六至十七兩，價格昂貴。所以焦炭缺乏，停爐以待，急需自行開採。

一八九二年，張之洞派歐陽炳榮到萍鄉設煤務局，採購土煤井原煤，運往漢陽鐵廠，與馬鞍山的煤礦分別煉焦。但因運煤途中船戶摻雜過重，試煉焦炭未成。

一八九六年，湖廣總督張之洞特派礦師馬克斯、賴倫二人，調查湖北、湖南、江西、安徽各省。八月二十六日到達萍鄉縣

・安屑煤礦一角

城，先後勘查測量安源天滋山、錫坑、紫家沖，高坑、王家源、大屏山、胡家坊和青山馬嶺等地。同年十月，呈報勘測結果，馬克斯估計煤的儲量為兩億噸；三十度以下的傾斜煤層可供煉焦的煤甚多。賴倫勘查後作出了萍煤「脈旺質佳，迥非他處可比」，「如每年採用一百萬噸，可供五百年之用」的預測報告。

一八九八年三月，盛宣懷會同張之洞，奏請朝廷，採用西法，在安源興辦萍鄉煤礦，由道員張贊宸負責籌辦，李壽銓任機礦處長，資本金一百萬兩從事開採，其中輪船招商局二十三萬兩、電報局二十三萬兩、漢陽鐵廠二十萬兩、香記等商戶二十萬兩、鐵路總公司十四萬兩。五月張贊宸致電盛宣懷，決定從五個方面建礦：一、籌巨款；二、修鐵路；三、造淺水駁輪運煤；四、設官錢號，仿行錢洋紙幣；五、派兵籌防。後因資金難籌，奉命招商承辦，成為官督商辦企業。七月萍鄉煤礦引進德國機械化開採技術，採購德國機械化設備開礦機及新式洗煤機、建造新式煉焦爐多座，實行機械化開採。於是，萍鄉煤礦是南方各省唯一用機器開採的煤礦。萍鄉煤礦所產之煤屬於古生代之煤炭紀，色黑如漆，黏結性好，磺輕灰少，最適合煉焦，專供漢陽鐵廠煉鐵之用。從開辦以來，其間免稅二十年。

然而大事業非小資本所得完成，籌資成為當務之急。一八九九年二月，盛宣懷以擴張事業延長鐵道之目的，向德商禮和洋行，先後借入德金四百萬馬克，合銀一百四十四萬兩，借款長年息七釐，分十二年按均還本付息，並用上海招商局房棧為擔保，派張韶甄為總辦馳往開辦。其中三百萬馬克用於購置德國採礦（含提升、運輸、通風、排水、壓氣鑿岩、照明、洗煤、煉焦、動力、發電、機製、造磚、測量、化驗等）成套設備，一百萬馬克用於修築萍安鐵路和置辦湘潭至漢口之輪渡。聘請德籍開採師賴倫為總礦師，主持建礦工程及機械化開採方面的工作，合同期為二十年。同時先後聘用德國、英國、美國、比利時等國工程技術人員。礦山每日出產達三千噸，運輸是由直達礦山的鐵路運往武漢，或由鐵路運往株洲，再改用民船運往武漢。

同年五月十八日開設試辦萍鄉煤礦官錢號，其為附設機構，性質類似銀行。地址設萍鄉城西街，購置錢號地皮費為 223.34 元，建造房屋為 1108.93 元。為維持礦務，利商便民起見，一切章程，照商務辦法進行。礦局所有進出收付項目，統歸官錢號立賬往來。官錢號資本由礦局先撥湘平銀一萬兩，按長年七釐起息，「仿開平礦局，設莊刊印錢洋各票。」在上海仿照西式石印，各分三等。分別六種顏色（錢票一千文為醬色、五千文為藍色、十千文為紫色；洋票一元為綠色、五元為黃色、十元為紅色）。票面正楷漢字，背面英文，角有騎縫圖印。同時，在蘇定造竹籌，以便市面搭配零用。竹籌加烙火印，一面印有憑籌發九八錢一百文等字樣，一面印有萍鄉礦局官錢號，並另編號數，合對為記。銀票自五兩以上，在當地使用，均用兩聯票編號，隨收隨銷；遠處則用三聯票，合根兌付。針對萍鄉、醴陵、湘潭一帶所行洋元，均以分兩計算輕重，即萍鄉每百元重七十四兩，謂七四「花邊」。醴陵七三六、湘潭七四五，均為市面通用之重洋，其不及此數，同為輕平。無論零躉出入，均須貼水。錢文串底，則萍、醴、潭皆通用九八。凡總、分號應兌錢、洋各票，均一律照付重洋，並九八制錢。官錢號為劃撥靈便，在湘潭轉運局、醴陵稽查局兩處設立官錢分號。

一九〇〇年，萍鄉煤礦負責管理小煤窯和土焦爐的職員俞彤甫對長方形平地爐加以改進，使煉焦由七天縮短為三天，出焦率由 30%～50%提高到 60%以上，焦炭灰由 30%降低到 15%左右。同年十一月，根據盛宣懷的倡議，萍鄉煤礦開辦礦務學校，總礦師賴倫兼任總教司。

一九〇二年，盛宣懷又向德國借款未成。他為加快萍鄉煤礦建設，於一九〇五年十一月向日本興業銀行借款三百萬日元，分三十年以大冶煤礦所產礦石抵還，還以大冶得灣道礦山為擔保。

一九〇四年，經英國化學師史戴德化驗，高坑、安源一帶的煤的成分如下：炭 65.89%，浮輕炭質 28.09%，硫 0.62%，灰 5.4%，水 0。灰內含硫 0.2%。土爐焦炭成分：炭 83.81%，硫 0.62%，灰 15.57%，水 0。認定萍鄉煤質甚潔淨，極合煉焦炭，用洋爐煉焦可與英國上等（特爾漢姆）焦炭一樣，土爐煉焦炭更好。

一九〇五年，英國鋼鐵專家通過化驗，確認萍鄉引進的瑞典爐焦可與英國最佳質量的特爾漢姆焦媲美，而萍鄉「平地爐」又不遜於瑞典爐焦。自此萍鄉「平地爐」名揚中外，被稱作「萍鄉爐」。

一九〇六年，萍鄉煤礦機電設備基本安裝完畢，電機房建成，發電設備為 2X247 千瓦蒸汽機直流發電機組，這是江西第一套電力技術設備。是年，萍鄉煤礦的焦炭價格隨成本降低，從每噸銀十二兩逐漸下降，在漢口的交貨價降至每噸八兩五錢，僅為開平焦炭的 50％和進口洋焦的 42％。萍鄉煤焦從此壟斷兩湖市場。由於使用萍鄉焦炭代替開平焦與洋焦，到本年止，漢陽鐵廠八年間共節約銀 300 多萬兩。據統計，從一八九八年至一九〇六年，萍鄉煤礦建設期間，除自用和直接銷售外，運送到漢陽鐵廠冶煉鋼鐵的焦炭總計 388000 餘噸，原煤 204000 噸。

一九〇七年初，萍鄉煤礦發電廠從德國購進兩台發電機，每台發電機容量為 1600 千瓦，萍鄉煤礦成為國內最早的以電力為動力，用於機械採煤、洗煤、運輸、煉焦的煤礦之一。八月二十九日，礦井工程經東平巷與紫家沖兩頭開鑿，巷道穿透紫家沖優質大槽煤層，形成年產原煤百萬噸的規模。這標誌著歷時十載，耗銀 6767867 兩的萍鄉煤礦建礦工程宣告完成。全礦有員司 300 餘人，工人 3600 餘人。生產能力達到日產原煤 1300 噸，日入洗原煤 3400 噸，日產焦炭 600 噸，年產煤磚 5 萬噸。十二月十三日，盛宣懷為了換取日本借款 200 萬日元，將萍鄉煤礦所有生利之財產物件向日本大倉組作抵押。

一九〇八年，萍鄉煤礦實現了機械化生產，並與漢陽鐵廠、大冶鐵礦及石灰窯合組為漢冶萍煤鐵廠礦有限公司，完全改為商辦企業。資本總額定二千萬元，其中招募新股一千五百萬元，老股五百萬元。公司於一九〇九年五月十六日在上海正式成立，盛宣懷任總經理。漢冶萍公司為中國第一個跨地區、跨行業的企業集團。該煤礦組織變更後，事業日見發展。一九一〇年四月二十一日，漢冶萍公司為擴大開採，以本公司所置運輸汽船作擔保，為萍鄉煤礦向華俄道勝銀行、東方匯理銀行借款一百萬兩。

據統計，萍鄉煤礦面積方圓達十里，正井通風水巷和同井口共三百二十一隻，井下隧道三十五里，擁有新式煉焦爐三十六座，電車馬力機一部，直井升降機三部，另有電燈機關房、製造機器房、化學房等，成為中國南方規模最大、技術最先進的煤礦。在萍鄉煤礦的影響下，吉安煤礦、樂平煤礦、豐城煤礦、餘干煤礦也購置抽水機、鍋爐、汽鑽、風扇、卷揚機等進行機械化生產。據記載，當時萍鄉煤礦炭焦的質量已相當於英國優質焦——達漢焦的水平，極適合輪船使用。一九一一年，萍鄉煤礦產量達 1115614 噸，焦炭 166062 噸，產煤量在全國排名第三位，僅次於開灤和撫順，占當年全國煤炭產量的十分之一，為東亞大礦之一。

其他中型煤礦：餘干呈山煤礦：光緒二十九年（1903 年），由候選道黃秉湘奉旨承辦。系屬官辦。先後撥給官款六千元。光緒三十年（1904 年）六月，從鳴山煤礦調來「吸水機、起重機」各一台，加強生產。後因連年虧損，耗資達 26000 兩，於一九〇六年六月被迫停產，後民國期間招商續辦。

餘干官煤局煤礦：在距上饒江岸南方六里，距縣城東三十里，名烏港。烏港周圍數十里均屬煤田。原先附近居民多以土法開採。光緒三十四年（1908 年）由贛州銅礦局撥款開辦，後光緒末年，官廳設局，由縣中紳商募集資本，以礦產及財產作官股

200000 元，另招商股 200000 元。設立官商合辦餘干煤礦局。每日可產煤少則四十餘噸，多則一百噸。每年收入約十餘萬元。自一九〇九年起，在呈城與後江設有銷售所。後因種種弊端，連年虧損，負債破產。

餘干楓港煤礦：光緒二十六年（1900 年），當地人在桃子嶺、官山嶺、三張刀、二天峰等處發現豐富的煤礦，自由採掘，獲利頗厚。光緒二十八年，改為官辦煤礦，由賀錫藩任總辦，每日可出煤二百噸。有礦工一千五百餘人。光緒三十三年六月改為黃道秉繼往開辦。

樂平鳴山煤礦：光緒三十年（1904 年），江西巡撫委派候選道文聚奎開辦官營樂平煤礦，由銅元廠餘利中撥銀 72000 餘兩充做資本，購置起重機（提升機）、吸水機（水泵）及鑽機等，這是江西將動力鑽機用於煤田勘探的起點。後來煤礦未建成即因資金短缺等原因停辦。機器設備移交官辦餘江呈山煤礦使用。

鉛山同孚煤礦公司：光緒二十九年（1903 年），崔道佛蔭，開採佛母嶺煤礦，設立鉛山同孚煤礦公司。光緒三十一年三月，同孚公司挖出之煤，僅能供炊焚之用。又連年規模減小，光緒三十九年九月，每日只能出煤百餘擔。

上饒爛泥灣煤礦：光緒三十三年（1907 年），據該縣令趙峻稟報，在爛泥灣一帶有煤礦。經該縣勘察，發給執照，准予試辦，並派委員江普熏前往督辦。

新建徐塘煤礦：光緒三十年（1904 年）二月由道員朱家駿領照開採。八月，該縣縣令黃錫光上報曰：「徐塘煤礦開辦已半年，而招股尚未定數，原先資金已用完，所以出煤不多。若能增加資本，出煤定會加大，銷路也會拓廣。」三十二年三月因資金不夠，朱家駿又赴南方招商。光緒三十三年二月，招商成功，大舉開採。資本 167832 元，為當時江西最大的商辦煤礦。所產之煤銷往江西各縣。

新建石麟岡煤礦：光緒三十年（1904 年）九月，又由陶鈞榮領證開辦石麟岡煤礦，但出煤不多，時開時停。光緒三十一年六月，由隗巡檢接管煤礦。當時有工人二十餘人，日出煤三百餘斤。

另各縣開採的小煤礦有：樂平南鄉牛頭上煤礦（1902 年）、樂平南鄉藕塘山煤礦（1903 年）、永新九西村煤礦（1906 年）、興國縣葛牛嶺煤礦（1904 年）、安福縣王家山煤礦（1905 年）、安福縣滸塘村煤礦（1906 年）、吉水縣墨潭煤礦（1905 年）、吉水縣吉多鄉塘尾煤礦（1905 年）、吉水蒲鳩嶺煤礦（1906 年）、萬年縣鬼嶺煤礦（1904 年）、玉山風扇扭煤礦（1905 年）、玉山葉家塢煤礦（1902）、東鄉縣河嶺煤礦（1904 年）、臨川縣牛嶺煤礦（1905 年）、景德鎮西北鄉煤礦（1905 年）等。這些煤礦都因招股困難、資金不夠、開採煤質不好或煤層太厚而開採不久便停產。

二　錳礦業

江西錳礦產地不多，但蘊藏豐富，品質優良。在江西萍鄉與永新等處均有發現。一九〇六年十一月，萍鄉劉公廟龍骨沖白茅等處發現錳礦，湖北鐵廠委員陶德光奉命到當地設局開採。萍鄉的白毛礦，在縣南十五公里處，礦地大約直徑在一公尺以上，礦石以硬錳礦和軟錳礦二種為主，含錳成分均在百分之四十以上。一九〇七年五月，由廬陵縣商人周爲集資開採的十九都排下錳礦，改採的礦石，與天津講藝學堂議定分期購定。後因周爲屢滋事端，清政府飭令其停辦。

三　鐵礦業

鐵礦是江西近代辦的較有成果的礦冶業。主要有九江城門山鐵礦、永新保富鐵礦、泰和集益鐵礦等。

九江城門山鐵礦：光緒三十二年（1906 年），在九江商埠西南三十五里處，北自金雞嘴，南達勾箕窿，發現豐富的鐵礦。其距南潯鐵路沙河東站三十里，交通頗為便利。鐵礦地質為白色石英砂岩，時代屬中生代，砂岩中有火成岩滲入，礦石為褐鐵礦，好的含鐵在百分之六十以上，差的也有百分之三十。鐵質最好的在鑽門檻、良田羅、油州窪坡一帶。年產量為六百多萬噸，大部分由省內實業購買，一部分由漢陽鐵廠購買。

永新保富鐵礦有限公司成立於光緒三十二年（1906 年）閏四月。早在光緒三十一年正月，在縣西北五十五里處發現鐵礦、鐵礦生於砂岩中，裡面夾雜鐵砂岩，厚從十八尺到一百五十尺，鐵礦層厚從二尺到十四尺，平均約八尺，鐵質為赤鐵礦。當時就有當地紳民就近挖掘並設爐熔鑄，運往省城、饒州、廣信等地銷售，同年五月就有熔爐五座，每年可產鐵一百餘萬噸，七月和十一月添鐵路兩條。光緒三十二年閏四月頒發牌照成立永新保富鐵礦有限公司。同年四月在永新縣設經理處一所，並於吉安縣、廬陵縣所轄的永陽縣及南昌廣潤門外設轉運局各一所，向外運輸鐵礦石。

泰和集益鐵礦公司創辦於光緒三十三年（1907 年），由李至盛出資兩萬元創辦，是一個小型商辦企業。

石城高田村鐵礦成立於光緒三十年（1904 年），專門鑄造鐵罐、鐵鍋、農具等，銷售不多。

四　銅礦業

贛州銅礦：光緒二十多年間，當地鄉民發現西坡山自然銅礦，由老鄉紳發起，地方籌撥一部分公款並加集商股，合計約十餘萬元，組成華寶公司，並由地方推舉公司負責人。光緒二十八年（1902 年）開工。改採銅均用土法煉製，後因礦工不遵守規範，偷漏銅，連年虧損等問題，於一九〇四年宣告停業。開工兩年來，所出銅約值六、七萬元。華寶公司停業後，一九〇七年，兩江總督及江西巡撫認為此礦廢棄可惜，提議歸兩江與江西合辦，並設立官礦局，開辦費由江西、江蘇兩省藩庫撥銀四十萬兩，並設督辦專負其責。經日本、德國、英國工礦師以及廣東礦業學校學生前往勘察，並將礦石化驗，認為其苗脈豐厚，銅質精良。於是由藩司沈瑜慶與礦師池淬貞銓以二十點八萬元創辦，為官辦性質。曾挖出礦石兩萬餘噸，經送南昌銅圓廠化驗，所得之銅不過百分之一二，被電告停辦。

五　滑石礦業

貴溪生記滑石礦務公司：光緒三十一年二月（1905 年），由商人楊保康，籌集股本三千元創辦，規模很小。一年後，因為與該縣三十六都五圖馬鞍山地方開採滑石的趙聯璧有紛爭，楊保康以辦事棘手，稟請停業。

另光緒二十八年（1902 年），文由純（拔貢）在會昌創辦蛇山崠、雩都崠錫鉛礦。一九〇六年十月會昌縣令左坊以該礦「一切衰旺情形，未據按季具報」為由，將其撤銷，致使當地的有色金屬礦未能得到應有的開採。

據《民國元年工商統計概要》記載：江西開採礦數為三百六十八處，發采畝數為 53987 畝，僅次於四川。其中粗礦煤產量 415462 噸，價值 1364849 元。

（三）近代機械與加工工業

中國近代工業產生於十九世紀五〇年代，到九〇年代已進入初步發展階段。江西是深居內陸的傳統農業省份，思想特別保守，不為西洋主的「奇技」所動，而且也無聲望斐然的「中興名臣」推波助瀾，以至在洋務運動時期，江西成為一塊被冷落的荒漠之地。江西近代工業在十九世紀八〇年代站在起跑線上，但真正的起步則是在二十世紀初。這是由於二十世紀頭十年，日俄戰爭的關係，特別是抵制美貨和收回利權的推動，中國資本主義工業得到了發展的機會。

一　近代機械與加工工業的興起

九江的開放，大量外國商品經九江向江西各地傾銷，自給自足的自然經濟日趨瓦解，為江西資本主義的發展提供了一定的商品市場；洋貨不斷輸入，使江西較為發達的手工業受到嚴重的摧殘，大量的手工業者的破產，又為其資本主義的產生提供了一定的廉價勞動力，這兩個因素客觀上為江西近代工業的產生創造了前提條件。但當時的江西嚴重缺乏資本，民窮庫空，致使江西在洋務運動期間沒有任何一家新式企業，直到一八八二年，第一家近代工業企業——羅興昌機器廠才在南昌誕生。這是一家商辦企業，儘管如此，但畢竟標誌著新式產業在江西這塊古老的土地上誕生了。

經過八國聯軍侵略北京之役，殘酷鎮壓了戊戌維新改革的以慈禧太后為首的清政府也重舉「新政」之策。在清政府振興工藝、發展工商實業政策的指導和督促下，一九〇四年，江西設立農工商礦總局。該局派黃大壎等人赴日本考察各項實業，「冀有成法可循，俾獲改良之益」，並有十幾名赴日留學生隨同，分別送至各學堂，「肆習農工商礦專門之學」，以便他們「異日畢業回華，推行盡利」。[65]此外，江西農工商礦總局還制訂了開局應辦章程十條，分別為調查各行業，造調查表；開設試驗場；開設農工商礦陳列室；開辦實業等各類申報制度，條舉庶政；普及農學；鼓勵民間廣設工廠；振興商業；廣聚股份，開採礦業；申明禁約；申明獎勵。政府採取的以上措施，為江西近代工業的興建提供了條件，也激發了官紳商人投資創辦近代工業的熱情。以此為契機，江西近代工業企業的創辦出現了一個小小的高潮。

碾米業：江西以產米著稱，碾米業全省都有，以南昌最多。

65 《江西官報》甲辰年 1904 年第 16 期奏牘。

光緒八年（公元 1882 年）南昌章江門外瓷器街出現一家羅新昌機器廠，資本約五千元，工人二十多人。當時技術極其簡單，規模狹小，但江西省能自製機器，以它為濫觴。羅興昌除製造礱米機、抽水機、柴油引擎外，尚能製造小型的蒸汽機與汽油機。此後機器應用日廣，繼而修理與製造機器者日益增多。

一九〇八年，商人肖賡良以資金十四萬元，在南昌廣潤門外創設厚生機器礱米公司，在城內設有許多分店，自後各地礱米廠紛紛建立。此等礱米廠平均一日能出白米數十至數百擔不等。其次，還有一些小的礱米廠，除自己礱磨外，並代人加工，每擔收費一角，給人們生活帶來方便。

子彈廠：羅興昌機器廠創辦以後，江西近代工業並沒有因此漸漸發展，而是陷入長達十五年的沉寂，十五年內江西未出現第二家近代工業企業，到一八九八年，在全國工業企業興辦高潮的刺激下，才相繼創辦了幾家企業。如一八九八年，官府在南昌創辦的江西子彈廠，這是江西第一個官辦的近代工業，開辦費為四點四萬元，生產規模很小，日產子彈僅八十粒。

造幣業：一九〇二年江西以製錢不足，經清政府批准，在南昌德勝門外建造房屋，購買機器正式成立官方銅圓廠，鑄造銅圓。

瓷業：中國瓷業由來已久，然使用新法的是一九〇三年江西巡撫所立的景德鎮瓷器公司開其端。該公司由官府撥銀十萬兩，並另行招集商股，決定在景德鎮建設窯廠，招集工人，專選樣式瓷器。一九〇五年，瓷廠由於安徽瓷土拖欠其貨款一萬兩，以及招商受阻，瓷廠陷入困境。同年四月，孫廷林赴上海考察辦的有成效的各公司章程，後因病體纏身，本人要求辭差。八月，改委任候補道員李嘉德接辦。一九〇六年，李嘉德又親赴上海招商，會晤了上海道員瑞澂。瑞澂以前管理過瓷廠，深深熟悉瓷業的情形，有改良之意。其認為官商合辦，不能盡善盡美，應該為商辦，設定有限公司。一九〇七年五月，李嘉德、上海的瑞澂和候補道曾鑄共同籌集股本二十萬元發起設立官督商辦的江西瓷業公司。該公司公舉內閣中書康達為總經理，決定公司多用機器，效仿西式造瓷，產品交稅為值百抽五，沿途不再重徵，以求發展。同時，還創辦了陶業學堂，以培訓機械製瓷和煤窯燒瓷的技術工人。可是，這些舉措並沒有給瓷業生產帶來多大發展。從現有一些零散資料反映，在二十世紀頭二十年裡，景德鎮瓷業生產起色不大。這主要因為當時連年混戰，軍閥各據一方，嚴重地肢解了中國內市場，加之洋貨和外資在華種種特權，任其充斥市場，氾濫全中國，排擠中國產品，景德鎮瓷器「產銷遂逐年衰退」。

一九〇三年，在景德鎮由程箴集股二點八萬元創辦日新瓷業有限公司，性質為商辦。次年，黎景淑籌集資本二十萬元，創設商辦萍鄉瓷業公司。一九〇五年，職商文乃麟與職員廖鳳喈也集股設立公司，僱用景德鎮工匠三十多人，議定工資，在上埠開窯造瓷，所燒紅花瓷器，與景德鎮製作相仿。並擬籌股洋三萬元，正式創辦萍鄉瓷業有限公司。

一九〇四年，在橫峰由滕誠集資三萬兩創辦復古窯廠，性質為商辦。主要是製造仿製的景德鎮的瓷器。一九〇七年因耗折和水災，虧損過多，停辦大窯廠，維持小窯廠。

一九〇五年十月，景德鎮商人陳庚昌稟稱，瓷品為出口的大宗貨物，青花占到七八成，而滇料則為青花所必須原料。近日瓷業的衰敗，主要受劣質原料的影響。雲南所產的瓷料十分優良，於是邀集八個販運滇料的商人，集資四萬元，創辦寶原滇料公司。次年正式註冊成立，經營性質為商辦。該公司主要販運雲南瓷土，以供製作青花瓷器之用。在從雲南販運至江西的過程中，雖屢遭搶劫，查封，但他們頂住重重壓力，為景德鎮提供了源源不斷的優質原料。

另外，商人文乃麒在萍鄉上埠創辦窯業有限公司，性質為商辦，資本不詳。其招募景德鎮的瓷工，主要是造瓷碗。

其他：一九〇四年鄱陽縣屬樂亭地方出產棉花，購置日本軋花機數架。每日一機，能出淨花兩百至三百斤，較用土車軋花，每日僅十餘斤，提高工效二十多倍，而且省力。

一九〇五年，江西機器造紙廠在南昌市成立，為官商合辦，擁有資本四十二萬元，內有官股六萬元。創辦人為黃大壎、朱秉方等。開辦此類實業是清政府提倡的，「曾稟准大憲，自開辦之日起，專利十年內，不許他人在本省地界再設本項機器。所造各粗細紙，暫時豁免利稅，俟試辦三年，如卓有成效，然後照章抽收。其廠中應用之機器藥料，諸關造紙所用，凡竹、木、草料、敗絮、舊布各項原料，驗有本公司護照，各關卡一律放行，永不抽收釐稅」。[66]

同年，德安鄉紳合股設榨油廠。

66 《中國近代工業史資料》第二輯第1118頁。

一九〇六年，九江黃鈞等在龍開河地方開設修理小輪船的機器廠。同年，候補知縣徐象藩籌集資本一點四萬元，在南昌創立商辦吉祥機器磚瓦公司。舉人賀贊元在南昌集資七萬元創辦江西省城電燈公司。在一九〇六年電燈公司設立前，南昌市路燈全部為油燈，或明或暗，效果極差，颳風下雨就無法使用。電燈的設立，無疑給城市增加了生氣，給人民帶來的方便。

一九〇七年，候補通判洪嘉蔭創辦江西樟腦局，為官商合辦企業，擁有資本六千九百元。

一九〇九年，南昌恆泰麵粉廠在西大街成立，資本額為一千元，工人四名，備有馬達，每日產量四百斤，每年出面總值六千元。

其他行業如採礦、樟腦、肥皂、火柴等的前已論述，這裡不再贅及。

二十世紀初據統計，江西在創辦的大小不同的工礦企業有兩百家，經營範圍主要是礦產、陶瓷、紡織、造紙、印刷、化學、日用品加工、食品、洗染等，其中礦產、陶瓷、造紙工業最突出。這些企業中，絕大多數是商辦企業，少數幾家是官辦和官商合辦企業，其規模較小，資本萬元以上的僅十三家，資本總額一百九十二點一萬元，且在全國所占比重很低，工廠數不到百分之二，資本數不到百分之一點四。但從自身來看，其發展是空前的，不僅表現在數量上增長很快，由四個增加到兩百個，而且在工業部門、產品種類上也有新的突破，規模日漸擴大，資本萬元企業由一家增加到十三家。近代工業企業不斷湧現是此階段江西社會經濟中的新鮮一景。它是一種先進的資本主義生產方式和經濟勢力，標誌著江西近代經濟發展進入一個新的歷史時期，對以後近代工業的發展產生了重要的影響。

2. 近代機械及加工工業的特點[67]

江西近代工業是中國近代工業的一個組成部分，具有中國近代工業的一般特徵，但因產生、發展於江西近代這一特定環境，又有自身的特點：

第一，啟動晚，發展緩慢。江西近代工業是在九江開埠後，資本主義紛紛入侵，城鄉手工業遭到嚴重破壞，自給自足的自然經濟逐漸崩潰，商品經濟畸形發展的情況下興起的。但江西近代工業並沒有緊隨全國洋務運動潮流，與時俱進，同國內先進省份相比，江西近代工業的產生足足晚了三十年，直到二十世紀初才真正開始。江西工業啟動後，又由於各種原因，發展速度非常緩慢，到辛亥革命前，江西資本萬元以上的工業企業僅有十三家，占總數目不到百分之二。北洋政府時期，江西規模較大的近代企業也只有二十家，占全國九百〇二家的百分之二點二。[68]

第二，分布不均，且地區發展不平衡。江西近代工業基本集中在南昌、九江、萍鄉、景德鎮四個城鎮，其他地區寥寥無幾。南昌是江西省的省會，政治、經濟、文化中心，物產散集市場，歷史上是江西的重要手工業、商業城市。九江開放後，洋貨不斷

67 萬振凡、林頌華主編：《江西近代社會轉型研究》，中國社會科學出版社 2001 年版，第 91 頁。

68 中國第二歷史檔案館《中華民國史檔案資料彙編》第 3 期，江蘇古籍出版社 1998 年版，第 337 頁。

輸入，手工業受到嚴重的打擊。為抵制洋貨進入，發展本地工業品，南昌興起了各式行業，其中以製革業、碾米業、印刷業較為發達。南昌工廠數相對於其他城鎮，數目最多。九江，長江中游南岸的重要港口之一，江西的省轄市。九江開埠後，引來外國商人在此創辦外資企業，其中有一八六二年美國設立的旗昌洋行九江碼頭；一八七五年英國設立的太古洋行九江碼頭和怡和洋行九江碼頭，一八七五年和一八八二年沙俄在九江分設的新泰磚茶廠和順豐磚茶廠，這五家外資企業分別控制了九江的航運業和磚茶製造業。九〇年代中期，為收回利權，「杜洋人攘利」，九江積極發展民族工業。其中一八九八年至一九一八年，僅資本萬元以上的輪船公司就有十二家，茶廠、紗廠、火柴廠、瓷廠、機械廠、紐扣廠、電氣廠、針織廠也相繼創立。萍鄉，位於江西西部，境內煤藏豐富，煤質最優。一八九八年成立萍鄉煤礦局，投資六十九點九萬元，用機器開採，是江南規模最大的煤礦。煤炭工業的發展，帶動了萍鄉其他工業的發展，使其工業產值在相當年份都超過農業，年產值在一千萬以上。景德鎮是江西的瓷都，古瓷享譽中外。它也是江西明清時期的四大名鎮，商品經濟十分繁榮。二十世紀初，江西一些有識之士積極倡導開辦機製瓷廠，用機器進行造瓷，與洋瓷抗衡。一九〇三至一九〇八年興辦了景德鎮瓷器公司、日新瓷業公司等。

第三，以輕工業為主，重工業偏少，且規模偏小。中國資本主義近代工業化是從清政府洋務派官僚集團創辦，以近代軍事工業開始的，它走的是一條從軍事工業到民用工業，從重工業到輕工業的發展道路。江西近代工業也是從羅興昌機器廠、江西子彈廠、萍鄉煤礦三家重工業開始起步的，但重工業所需資金大，江西無力支持重工業的發展，江西工業重心由此轉向資金需求少、周轉快的輕工業。在江西工業化的勃興時期，所興辦的各式近代工業企業，除了幾家採礦業，其餘都是輕工業。同時由於資金不足，機械化程度低，大多是半機械化和手工操作，因而企業規模都較小。一九一八年以前的近兩百家企業中，資本在十萬元以上的只有十家，占全國 5%，一萬元以上不足十萬元的約二十家，占 10%，不足一萬元的約有一百七十家，占 85%。

第四，外資企業、官辦企業少，商辦企業居多。外國資本主義的入侵，使中國陷入半殖民地半封建國家，外國資本在舊中國創辦了很多大型企業，在舊中國資本主義經濟中處於支配地位，而民族資本的力量卻很薄弱。外資很少到江西投資辦廠，是由於長江流域上有漢口，下有九江，並沒有成為長江流域的重要口岸，投資環境較其他重要口岸差。江西官辦企業也很少是因為江西官員申請不到任何官款，省庫資金又非常緊張，外借又處處碰壁，使江西工業在起步時期，僅創辦了兩家官辦企業：江西子彈廠、萍鄉煤礦。以後官府也僅涉足於少數稍大的工礦企業，如一九〇七年創辦的贛州銅礦、餘干煤礦。有的還是和商人共同創辦的，如一九〇五年創辦的江西機器造紙廠，一九〇三年創辦的景德鎮瓷器公司，一九〇七年創辦的江西樟腦局。商辦企業居多，是小資本家比較容易募集資金，資金周轉快。一些外資和官僚資本都控制著一些十萬元以上的大型企業，民族資本大多經營著十萬元以下，尤其是一萬元以下的企業。

第二節 ▶ 市場與流通

江西的門戶九江也由於《天津條約》而被列強打開了，資本主義國家廉價的商品像潮水般地湧入，使得江西的自然經濟受到猛烈的衝擊。雖然外國資本主義入侵使江西廣大人民陷入水深火熱之中，但自然經濟逐漸解體，商品市場不斷擴大，為江西資本主義近代商業貿易的發展提供了前提條件。

一　市場：結構與關係

市場是商品交易的基本場所。隨著近代江西農業的發展，農產品生產的商品量的擴大，江西商貿市場逐漸發展起來，進而逐漸形成了村、縣、區市、省四級市場。

（一）初級農村集市的增長

集市，是以地方定期交易為核心的經濟流通機構。一般以鄉為單位，規模不大，店鋪較少，輻射範圍較小，多半為定期集市，隔日一市，或三五日一市，因各地風俗不同而異。在地方文獻中稱呼不一，或為「墟」，亦作（圩、虛）、或為「集」、或稱為「市」；[69]間或也有以「街、埠、店」稱謂者，這在地方文獻中亦不少見。

農村集市的主要市場功能是收集範圍多在十華里以內農產商

69 光緒《興寧縣志》：「四鄉貿易之處，統名曰墟。」（卷五，《風俗》）；光緒《龍南縣志》：「商賈貨物輻輳之處，古謂之務，今謂之墟，墟亦市也。」（卷二，《坊鄉》）。

品，是溝通各地經濟聯繫的主要渠道，即所謂「鄉非鎮則財不聚，鎮非鄉則利不通」；「市者，所以居貨而聚財也」。經營者一般為本地人，有自己的店面和倉庫，他們把在市場上收購到的零星農產品囤積起來，以備成批地售給販運商。

這些農村集市是農民之間以及農民與商販之間進行交易的立足點，是一種初級市場形態。集市初為小生產者交換和調劑產品的場所，趕場者出售其多餘的產品，換回自己不能生產的日常生活和生產用品，這屬於農民之間「以有易無」的形式，有的甚至是農民以物易物的面對面的交換。這種原始的市場形式既是產品供應的起點，亦為銷售的終點，往往沒有居間的轉手過程。

九江開埠通商以後，由於商品經濟的發展，這種純粹的原始市場已極少見，集市實際已成為土產品的集散地。它既可作為輸出市場的起點，又是農民日常生活用品銷售的終點：它依賴高一級市場銷售其聚集的土產，又將高一級市場運來的商品出售給農民，從而起著承上啟下的作用，成為商品流通網絡中的一個最基本的環節。

隨著商品性農業的發展，各地還出現了不少專業性集市，即專做某種或幾種商品的交易。這類集市著重聚集本地出產的某種產品，即為滿足專門生產某一產品的小生產者銷售其產品而設置。如贛北修水縣的西擺鄉，由於盛產茶葉，受出口需求市場的拉動，至民國年間發展成為茶葉的集散地和茶葉加工專業市場。而贛中地區永豐縣的滕田鄉位於贛江水邊，至近代由於盛產苧麻，發展成為苧麻與夏布的專業生產與集散市鎮。清末民初，滕田專業經營夏布的有正義行、正和行等。它們每年從各鄉收購苧麻十數萬擔，本身既雇工人張機織布，同時又放紗收布，年生產和收購夏布數萬匹以上，多銷蕪湖、無錫、成都、廣州及東南亞等地。

明清前期，江西地區的農村集市業已較為發達。江西集市的變化，由康熙、乾隆、道光到同治年間最為鼎盛。九江開埠以後，由於對外貿易以及相關商品流轉的帶動，農村集市又有進一步的發展。如南昌府附郭南昌縣因其所處地理位置的優越，境內東西有河流貫穿而過，貨物運輸至鄱陽湖，再到九江，由長江輸向全國各地。因此其墟市發展速度也極快，萬曆年間只有七個，同治間則達三十四個，翻了近五倍，民國時又增至三十八個。所謂「南昌村居稠密，每七八里或三數里輒有墟市，每市所集，皆數千戶，大者近萬餘戶。而市肆多者不過數百。所積之貨皆日用之需，其運售於遠道者獨米穀，其來則以棉花……市多濱河，貨成之後遠賈爭集，帆檣林立，人多醉飽，則景象殊熙熙然也」。[70]據調查統計，江西近代墟市總體數量和分布密度，在光緒年間約為一千七百個左右，平均每縣二十一個。

「墟」的數量增長的同時，江西各鄉村小市場的功能也有所變化，部分地方小市場發展成為商品的集散市場或農產品加工專業市場。贛中永豐縣的滕田鄉位於贛江水邊，南宋時就是「人煙輻輳」的鄉鎮，至近代由於盛產苧麻，發展成為苧麻與夏布的專業生產與集散市鎮。清末民初，滕田專業經營夏布的有正義行、

70　民國《南昌府志》卷四，市鎮。

正和行等幾家夏布行，它們每年從各鄉收購苧麻十數萬擔，本身既雇工人張機織布，同時又放紗收布，年生產和收購夏布數萬匹以上，多銷蕪湖、無錫、成都、廣州及東南亞等地。史料記載說：「苧布，出滕田者著名，沙溪、良村皆有之，永、明二鄉多織麻，蓋有藉此以供朝夕者。」[71]各鄉所產苧麻由滕田鎮集中收購，滕田遂成為遠近聞名的苧布集散地。贛南廣昌縣的甘竹、白水、頭陂、驛前等處墟市，在光緒年間已成為廣昌縣苧麻、煙葉、甘蔗等農產品集散和加工的專業市場。傅春官在《江西農工商礦紀略》廣昌縣·商務中說，四墟「出口貨以苧麻為大宗」，煙葉、甘蔗等貨物，有許多是「販自鄰省鄰縣者」。所織夏布，每年約出兩萬餘匹，運銷山東、山西、河南、福建等省，價值約在萬餘金。用甘蔗加工成冰糖的作坊林立，「有運往新城、南豐及福建建寧等處銷售者，獲利倍之」。白水、驛前兩墟是煙葉的集散地，「每年多則四五十萬斤，少亦三十餘萬斤，每百斤價約八、九兩或十餘兩不等」。以致有洋商信隆行在該墟設點採買煙葉，請求設立菸草公司的事情發生。[72]

（二）縣級集散市場的繁榮

在農村初級集市普遍發展的基礎上，縣級市場輻射範圍也擴大了，城鎮日益成為農村初級市場同該區域內區域城市、中心城

---

71 同治《永豐縣志·物產》。

72 萬振凡、林頌華主編：《江西近代社會轉型研究》，中國社會科學出版社 2001 年版，第 60 頁。

市以及國內各地區市場聯繫的紐帶；同時，商品性農業的發展以及隨之興起的家庭手工業、手工作坊的日益繁榮，以及通過各級地方小市場，縣級市場可以將全縣各個角落的商品納入其流通範圍，促進了城鎮縣級市場的勃興與繁榮。有些大鎮已逐漸發展成為附近幾個市鎮商品流通中心，初步突破了地方性狹小市場的格局。如鉛山的河口鎮，清江的樟樹鎮以及新建的吳城鎮等。

近代江西縣級市場首先得到發展的是位於五大河及其支流沿岸的縣城，這是由於水路運輸便利所產生的。如贛江沿岸的豐城、清江、廬陵；撫河沿岸的臨川、廣昌、南豐；饒河沿岸的鄱陽、樂平、德興等，共四十來個縣城。這些縣級市場在明清時期就是各水系流域地區性商品集散中心，到近代由於農村商品經濟的發展，它們的規模普遍得到了擴大，輻射力普遍得到了增強。如贛江上游的廬陵縣城，在清末民初有各類店鋪六百二十三家，資本總額達十三點四萬元，僱傭店員兩千七百八十七名。史稱廬陵縣城商業之繁盛，「雖不逮南昌、九江兩埠，但較諸贛州、樟樹，當有過無不及」。[73]

城鎮縣級市場主要起到繁榮城鎮經濟，向其經濟區提供商品與勞務，連接經濟中心地的銷售渠道結構作用，並在運輸網絡中起到重要節點的作用。

（三）區域物流中心的形成

在城鎮縣級市場繁榮的基礎上，因自然、社會經濟以及社會

73 民國十五年《廬陵縣志》第30冊，第76頁。

生活等各方面都相似而形成的區域中心市場，在近代得到進一步發展。在地區市場內各單位間已有較頻繁的交換，且形成多個的商品流通中心，通過這一中心，地區與地區之間，地區與省際的商品流通大大地加強了。

九江開埠通商以前，這時的九江受內向型社會生產、流通結構的制約，雖擁有明顯的地理優勢，但與江西內腹地區缺乏直接的經濟交往。廣州一口通商禁令的束縛，江西內腹地區的進出口貨物流向是以贛關為集散，商道為「漢口——吳城——樟樹——贛州——大庾嶺——廣東」，於是贛關成為進出的主要孔道。導致江西地區過境貿易的繁榮，一些地理位置優勢、交通方便的市鎮逐漸成為區域中心市場，貨物集散以其為中心；這就是贛東北地區的河口鎮、景德鎮、贛中地區的樟樹鎮、贛北地區的吳城鎮。例如：贛東北地區市場，在浙贛鐵路通車之前，以河口鎮為流通中心。河口鎮位於贛東北廣信府鉛山縣境內的信江與鉛山河交匯處，為鉛山縣屬之一鎮，舟車四通，水陸交通極為便利。下連鄱陽湖出九江或湖口可通長江，或由鄱陽湖溯贛江而上至大庚，越大庚嶺入北江可抵廣州；由信江溯流而上經上饒到玉山溝通江浙；由鉛山河上溯到武夷山北麓，經桐木關、溫陵關、分水關可通福建。河口鎮在嘉慶年間還僅僅是一個小集市，而從嘉慶後期，便成為銷售本地紙茶和集散轉運東南、中南各地商品的重要市鎮，成為全國重要的商品市場之一。故有言道：「浙贛吐納之貨物，必須道經該鎮。」[74]一八五二年，一位外國人描述河口

74 民國十五年《江西通史稿》第30冊，第76頁。

商業盛況寫道：「河口鎮為中國內地最重要的市鎮之一，大約有三十萬居民，是紅茶貿易的一個大市場，中國各地的商人都到河口收購茶葉，或是把茶葉運往其他各地，河口鎮到處都可遇到大客棧，茶行和倉庫，沿河一帶更多。停泊在市鎮附近的船隻非常之多，有載單身乘客的小船，有大的渡船及懸掛旗幟的華美官船。上海和蘇州是靠近海岸的商埠，而河口則是靠近西部腹地的商埠。」[75]到光緒年間贛東北的農產品包括茶、米、煙葉等「都是先運至河口，然後轉往一個輸出口岸」，成為盛極一時的全國性的物資集散地。河口物資的運銷線路有兩條。一條是運往上海，在河口裝船，逆水（信江）上行，向東至玉山……至玉山即起貨至貨棧，然後雇力夫，挑運至浙江常山，到常山便裝船順流而下至杭州，再轉運河至上海出口。另一條線路是沿信河向西進鄱陽湖，經贛江運至大庾嶺關，再雇挑夫運至南雄，經西江進廣州出口。

五口通商後，全國的流通、貿易中心格局發生了根本的改變。對外貿易中心由廣州而趨上海，以其量大面廣的內外貿易商品吐納，直接帶動了覆蓋整個長江流域市場網絡的組合。九江成為江西的貿易中心，並成為以上海、漢口為中心的長江流域市場網絡組合的中介口岸。從前由贛關經大庾嶺道而下廣州的物流大多改由九江經長江水運而趨上海。江西傳統的區域物流中心市場亦開始衰落，取而代之的是行政級別較高的中心城市。如贛東北

75 姚賢鎬：《中國近代貿易史資料》第3冊，第1536頁。

地區河口鎮貿易地位逐漸被廣信府治之地上饒所取代；贛中地區樟樹鎮則被吉安府的廬陵（今吉安）所取代。當然，原來就是政治中心，同時又是貿易比較發達的城市如南昌府的南昌、九江府的德化等在近代依然保持區域中心城市的地位。

南昌作為近代江西的省會城市，憑藉其強大的政治經濟輻射力和四通八達的交通網，吸附著各地的農產商品向南昌集中。不僅鄱陽湖區、宜春、撫州的流通農產品要進入南昌市場，就是贛南、贛東北、贛中的一部分農產商品也要聚集南昌，再依託南潯鐵路，運至九江，行銷全國。

九江是江西唯一的通商口岸，江西大宗商品以此為轉運樞紐，貿易總額名列江西各地前茅，為江西近代農產品出口之門戶，近代的一切事物，開始緩慢的進入九江，並通過九江而傳動江西內腹地區。九江出口貨物有茶、米、紙張、煙、竹木、瓷器、靛青、苧麻、豆、油、棉花、夏布等。茶的出口占九江輸出額的首位，其中磚茶在二十世紀的出口價值約有三百萬兩。江西出口的米百分之八十經九江運出，主要運往上海，也有運往漢口。另外，瓷器、夏布、豆類等江西的出口大宗商品，大部分亦由九江輸出。九江已成為省內各級市場的終點市場和對外貿易的轉運基地。由此可見，南昌——九江作為近代江西農產品貿易流通中心的地位已完全確立。

（四）各級市場之關係

按照德國地理學家克利斯泰勒（W.Christaler）的中心地理論：城市在一定範圍內按一定的規律相互結合，構成城市等級結構體系，即一個大城市統轄一定數量的中等城市和更多數量的小城市，大城市的服務（或職能）和影響通過這些中小城市逐級傳輸到全區。克氏以現實中不同地區不同因素的影響中心地的分布形態應有不同，提出了三種情況下的理論模式：第一種，在市場作用明顯的地區，中心地分布要以最有利於物質銷售為原則，即形成合理市場區；第二種，在交通作用明顯的地區，中心地分布應以便於交通為原則，即各級中心地都應位於上一級中心地之間的交通線上；第三種，在行政職能突出的地區，次一級的中心地必須在上一級中心地勢力範圍內，而不允許同時接受兩個或三個高一級的中心地的。[76]利用克氏的中心地說來分析九江開埠以後的江西市場關係，亦有一定的借鑑意義。

從江西各層次市場的關係來看，其市場等級體系基本上符合克氏的中心地所述三種模式的情況，但是各有側重。傳統社會由於過境貿易的繁榮，相應地在交通上占有優勢的中心地發揮的作用更為明顯；到近代開埠以後，由於九江地處江西的最北端，地理的趨中性不明顯，其對江西內腹地區的進出口貿易的傳動中心位移政治中心南昌，因而導致中心地的層級往往以行政職能的高低而定等級，依次形成了省會、府治、縣治、農村集市的市場體系，各自承擔著一定的商品流轉功能。因此，結合到各級市場關

76 蔡來興主編：《國際中心城市的崛起》，上海人民出版社 1995 年版，第 139 頁。該問題參考了王笛：《跨出封閉的世界——長江上游區域社會研究（1644-1911）年》，中華書局 2001 年版，第四章相關內容。

係，有幾點是值得注意的：

第一，各市場系統的聯繫有的是直接的，有的是間接的，要靠其他市場層次充當媒介傳遞。儘管部分市場間或亦能打破系統的侷限，與間接聯繫層次的市場保持直接的聯繫，如鄰郊集市同中心城市的市場聯繫，但上升到市場系統來看，聯繫仍然只能是間接的。

第二，市場的不同層次實際上就是商品流通的不同階段，而市場聯繫的實際內容是土貨和洋貨的雙向流通。就農產商品流通而言，是一個由低到高依次遞進的市場層次系列，其產品亦由發散歸於集中；而進口商品則是依據相反的方向運行，是由集中到分散的過程。

第三，省內市場以區域商品流通中心為核心，各個層次的市場都不同程度地受九江進出口市場的制約。這些制約主要表現在：工業品供應的支配和壟斷，土貨供應、流通的支配和控制，價格上的制導等等。一些原有的商業網絡、流通渠道其能承載進出口貨物流通的部分得到了維持、保留，一部分得到了發展和改造，其性質和機能逐步變化。一些不適應和背向於進出口流通的渠道漸趨蕭條和沉寂，走向衰落。這種關係說明，傳統的封閉式的市場結構已開始解體，代之而起的是一個開放式、半開放式的市場結構。

第四，從九江與江西內腹地區的市場傳動來看，其市場基礎是中小城市市場和地區商品集散地，而又以南昌為傳動中心。中小城市（尤其是縣城市場）市場對九江市場來說，成為一個半導體。它一方面傳導了部分九江市場的商品流通和商品關係；另一方面，又阻隔了九江市場向農村市場深層滲透，客觀上形成了以九江為代表的口岸市場和農村市場兩個既有聯繫又很不相同的市場體系。正如費維愷研究西方對華經濟影響時指出：「內陸的商品銷售仍以通過傳統貿易途徑做生意的中國商人為主。在各大通商口岸之外，外國商行無力同農村華人零售商建立聯繫。……到一九一一年為止，大商埠以外地區的商業結構及其運轉機制與半個世紀以前並無多大變化。」[77]這在某種程度上又制約了九江對外貿易功能的進一步發揮。

總之，江西商業市場網絡的發展，一方面是由於鄉村城鎮自身的性質和功能所決定的，城市對與之相聯繫的周圍地區來說，具有作為貿易中心的種種地理的、社會的、經濟的有利條件；另一方面，是由近代開放以來商品經濟的性質和規律所決定的。由於九江開埠通商以後，江西傳統商路的逆轉，導致中心城市的位移，傳統四鎮開始衰落，而涂家埠、南昌、九江的地位和性質也日起益重要，形成以九江——南昌為中軸的城鎮格局。這種格局與全國貿易重心的轉變及傳統商路的變化是相吻合的。

二　流通：進出口貿易

（一）洋貨進口

第二次鴉片戰爭後，隨著《天津條約》的簽訂，一八六一年

77　參見羅茲曼主編、國家社會科學基金「比較現代化」課題組譯：《中國的現代化》，江蘇人民出版社 1988 年版，第 49 頁。

九江口岸開埠通商，當時，世界資本主義還沒有發展到帝國主義階段，它們經濟侵略中國的方式主要是輸出商品。九江口岸的開放，為資本主義國家對華的輸出商品提供了又一個重要的內地市場和通道。子口稅制度在九江口岸的普遍推廣，以致洋貨如洪水猛獸般地自北向南氾濫，侵入南昌、吉安、贛州等地的城鎮和鄉村，影響著江西全省經濟的變化。

同時，九江對外開放商埠以後，外國侵略者在這裡建立了搾取中國人民血汗的經濟機構，採用了誘勸華商試銷、對華商賒銷、建立推銷員制度等方式，壟斷進口市場。進口貨物的品種幾乎全是紡織品和其他日用生活品，這是外商憑藉其所獲得的特權向中國傾銷過剩商品的結果及特徵。在輸入的洋貨中，以鴉片和棉紡織品為大宗；除此以外，還有煤油、食糖、火柴、肥皂、煉乳、洋傘、窗玻璃、苯胺、羽毛帶、手帕、棕葉扇、海參、鉛、鐵等數十種商品。

鴉片：鴉片在十九世紀的中國扮演了一個非常特殊的角色：它既毒害中國人民的身體健康，危害國家利益，可最後它卻又成為清政府賴以生存的一種財富來源。這使得鴉片流毒在十九世紀後期愈演愈烈。九江開埠前，外國輸入江西的物資除鴉片大宗，其餘都很少。第二次鴉片戰爭以後，由於清朝統治者被迫更改通商稅則善後條約，洋藥馳禁徵稅，於是鴉片貿易由非法的祕密活動變為公開的商業交易，其侵入範圍從沿海港口擴大到中國內地。「只因長江一開，內地漫無限制，行棧既設，囤積居奇，決不肯身居內地而聽洋藥售於海口以讓華商之利者。海關既不能禁，則除逢關納稅，過卡抽釐外別無辦法。」[78]於是鴉片自然而然地成為合法的進口商品了。鴉片貿易合法化以後，由於九江海關對鴉片類採取「稅釐兼取，不分華、洋」的原則，鴉片因而大量輸入，結果使九江口岸成為江西省鴉片進口的一總匯區。

英國鴉片販子直接從國外或從上海轉口把鴉片大量運入九江銷售。中國不法商人於承辦洋藥後，按照岸路藥稅章程，每百斤輸銀二十兩後，便在內地行銷。至一八六八年，九江海關對每擔鴉片稅的徵收額雖然高達八十兩，但鴉片仍源源不斷地從九江進入江西內地，「外洋土貨中國資之貿易者，此為最巨」。鴉片對中國經濟的危害巨大，鴉片貿易使中國大量財富流失，使本來就已普遍貧困的中國人變得更加貧困，嚴重影響了中國經濟的穩定和人民生計。而因鴉片所耗費的財富以及不斷的巨額戰爭賠款，則是清政府財政近乎崩潰的最主要的原因。

在一八八四年以前，九江商埠的鴉片貿易，「由七家中國商行經營」。[79]操縱這些商行的汕頭商人從洋商手中接過鴉片，採用「現金買賣」和「長期信用整箱出賣」兩種方式，銷售給本埠和內地的鴉片販子，從中牟取暴利。清朝在很大程度上是因為鴉片而亡，可晚期的清政府卻又依賴於鴉片的關稅和釐金收入而苟延殘喘，突出表現為鴉片稅收在清政府財政中的地位越來越重

78 《中西紀事》卷十八，第3頁。

79 TradeReports，1884年，九江，第107頁，轉引自姚賢鎬《中國近代對外貿易史資料》第三冊第1548頁，中華書局1962年版。

要，在十九世紀後半期成為海關稅收中最主要的部分。

棉紡織品及其原材料：棉花自清同治二年起，九江海關即有棉花輸入的記載是 3900 餘擔，以後各年有所增減，同治五年有 21000 餘擔的輸入，光緒六年有 62000 擔的輸入，為數十年中的最高紀錄。由光緒六年至十七年十年間平均每年亦有 20000 擔以上的輸入，此項棉花之大部分供於手工紡織原料的需要。這段時期為棉花輸入最盛時期，亦即棉紡織工業最盛時期。自此以後，至光緒二十六年九年間棉花輸入，逐漸減少，雖在二十三年至二十五年間，亦曾有 10000 擔以上的輸入，但到二十六年只有 384 擔，由光緒二十七年直至民國九年的二十一年中，則無棉花進口。

棉紡織品的進口主要有棉布和棉紗，貨源來自英國、印度、美國、日本、意大利、俄國、土耳其和西班牙等資本主義國家。棉紗棉布的源源輸入，是江西手工棉紡織業衰落突出表現。仔細分析棉紗與棉布的輸入，可表現為一興一衰二極端的現象。在同治十三年以前向無棉紗的輸入，同治十三年始輸入僅 219 擔，以後逐年漸增，至光緒三年超越千擔以上。至光緒十二年超越萬擔以上，至光緒二十四年間達十數萬擔以上，更突飛猛進，至民國三年超出 23 萬 5 千擔，造成空前之紀錄。而棉布的輸入，在光緒三十年已在 40 萬擔以上，以後各年雖高低不同，然亦未曾跌在 30 萬擔以下，最高時民國三年曾達 70 萬擔，即使是江西內戰之年，人民購買力低降至極度，但也未見其顯著地減少。

從棉織品進口貿易來看，棉布進口居第一位。實際上洋布沒有土布耐用，但比較柔軟美觀，又因價格低廉，所以在中國已日益廣泛地被人們使用。英國棉布輸入中國的總值比其他國家多。美國貨總值雖較小，但增長的速度很快，尤其在粗布方面，後來占了絕對優勢。而細布及雜色布方面，英國仍占優勢。

十九世紀六〇年代末至七〇年代初，由於洋布價格低，有許多茶商把在上海積存的洋布作為回程貨物運入九江推銷。所以，從一八六七年開始，英國的棉布在九江的進口量大大增加，出現了九江開埠以來從未著用洋布的人們開始著用洋布的現象。

但洋布並未能因此就牢牢占據九江市場。直到十九世紀七〇年代末，當地生產的土布同洋布進行了激烈的競爭。例如，一八七七年，農民獲得棉花豐收，他們家庭裡織的布成本大大下降，比較便宜，這自然就有礙於進口棉布的銷售。可見，土布對於洋布尚存在著一定的競爭能力，廣大農村仍然是土布的市場。對此情況，英國領事館在從九江發出的報告中哀嘆道：「假若人口較少的印度在一八七九年尚購買英國棉織品達 22714000 鎊，而中國（包括香港）僅購買 8268000 鎊，可見英國與中國的貿易尚有很大擴張的餘地。因為中國有肥美的土地、較富的礦藏和無比的絲茶富源。可以肯定地說，英國的輸出品的銷路，無論是棉織品、毛織品或金屬，都沒有超越過一般中層階級……一旦英國棉布為中國勞動人民所服用，貿易統計數字將是數百和數千而不是數十了。」[80]

80 Commercial report，1888 年，九江，第 2 頁，轉引自《中國近代對外貿易史資料》第三冊，中華書局 1962 年版，第 1359 頁。

至十九世紀八〇年代末，洋布由於價錢便宜，終於代替了土布，在整個九江市場氾濫。統計資料顯示，一八八八年，洋布從九江「進口總額達 270627 鎊，這一年增長了 16%以上。近五年來數字在穩步增加，目前差不多比一八八四年增長了一倍」。[81] 洋布充斥市場，九江及其附近地區的土布生產似乎完全被洋布排擠了。

在輸入的洋布中，英、美兩國的棉布仍占九江市場的首位。不過，這時日本的棉布在市場上嶄露頭角，同英、美兩國的棉布爭高低，婆羅洲、蘇門答臘、土耳其、意大利和西班牙的棉布也更多地出現在商店的貨櫃上，花色品種亦較前豐富多彩。

在二十世紀的頭二十年中，洋布的進口儘管受到第一次世界大戰、中國政治局面紊亂和江西局勢動盪不安的影響，呈現波動狀態，但是進口的總數額並沒有發生任何重要的變化。

在進口的棉製品中，棉紗的增長速度又遠遠超過棉布。由於洋棉比土棉的纖維較長，再加上優越的操作技術，因此進口的棉紗比任何土法生產的當地棉紗都要堅韌，放在土機上做經線用，可以織出更加耐用的棉布，使得九江商埠「洋紗進口的數量雖小，但是一直在逐年穩步上升，無疑還會增加」。「一八七九年棉紗進口在 2000 擔以下，兩年之後，增加至 3245 擔，而過去的十二個月中，達到 5708 擔，其中有 5000 擔以上用子口稅運往本

81 Commercial report，1888 年，九江，第 55 頁，轉引自《中國近代對外貿易史資料》第三冊，中華書局 1962 年版，第 1359 頁。

省內地。」「到一八八六年，過去五年中繼續增加的棉紗進口，到本年又有重大進展。進口棉紗 14890 擔的三分之二是用子口稅運到對棉紗需要量最大的南昌府。這些棉紗在南昌府織成布，其中最大部分運往廣東及江西的南部，供粵贛兩省邊際的農民使用。」[82]

同全中國的情況一樣，在十九世紀七〇年代以前，九江的市場為英國棉紗所獨占。但從八〇年代起，由於印度距中國較近，運銷成本自然較低，中印兩國都是銀本位國家，匯兌皆以銀兩計算，比較穩定、方便；同時印紗以粗紡為主，也適應中國消費者的需要，所以便以印度（英屬）棉紗為主。在九江，「進口數量逐年增長的洋紗，約有百分之八十一來自孟買」。[83]這種洋紗有很大一部分，約當進口棉織品總值的一半，轉運到江西南部的南安府和贛州府，在這裡有的完全用洋紗，有的參用土紗織成棉布；還有一部分在本城織成帶子，然後以船運到蘇州和揚州銷售。[84]

直到一八九四年，九江的棉紗市場依舊全部為洋紗所壟斷，最高進口額曾達 32358 擔。從一八九五年起，才有中國的棉紗輸入。至第一次世界大戰爆發的一九一四年，由於中國國內近代紡

---

82 Trade report，1883 年，九江，第 109 頁，《中國近代對外貿易史資料》第三冊，中華書局 1962 年版，第 1424 頁。

83 Commercial report，1888 年，九江，第 2 頁，轉引自《中國近代對外貿易史資料》第三冊，中華書局 1962 年版，第 1359 頁。

84 陳榮華、余伯流等主編：《江西經濟史》，江西人民出版社 2004 年版，第 486 頁。

織業的興起，棉紗貿易的趨勢發生了明顯的變化。在進口的洋紗中，印度紗的進口量雖有升有降，但有時還出現短缺、脫銷現象，因它是頗受中國人喜歡的「熱門貨」，在同日本棉紗的激烈競爭中始終居領先地位。為了加強對九江的棉紗輸出，日本商人還在九江城內龍開河橋頭開設了「久記莊」商行，大量推銷日本紗及其他日用百貨，幾乎壟斷了九江的商業。

煤油：九江進口的煤油，主要來自英、美、俄和婆羅洲、蘇門答臘等國家和地區，是僅次於棉織品進口量的一項進口貨。英、美兩國為了加緊對九江的石油輸出，在這裡設立了亞細亞洋行、美孚洋行的分支機構。據九江海關貿易報告記載，一八七五年「進口煤油 7180 加侖以供當地消費。幾年之後便可以看出這種便宜而光亮的油是否會代替植物油」。[85]這個進口數量與同時期全國煤油進口量 2000 萬加侖相比較，是微不足道的。但用煤油照明不僅發光清亮，而且比豆油和菜油便宜，於是消費量迅速地增長起來，從而刺激了進口量的激增。

到十九世紀八〇年代末，不僅俄國的巴庫石油開始運進九江，加入了爭奪九江石油市場的行列，而且原來的石油輸出國也源源不斷地將石油輸入九江市場，使九江石油進口量達到 1200 餘萬加侖。雖然這種進口貿易在一九一三年曾受到嚴重的打擊。一九一三年七月以後，長江中下游一帶成為討袁的主要戰場，因此導致水運中斷，石油運輸受阻停頓，進口量下降至原有量的

85 九江海關檔案：kiukiang trade reports，1911-1920 年。

68%，即 869 萬加侖，其中洋油占 677 萬加侖，本地油占 192 萬加侖。[86]

食糖：十九世紀初期，「由九江進口之冰白各糖及火車洋糖，多自臺灣、香港運來」。[87]據統計，光緒三十年（1904 年），各種進口的糖達到 155076 擔，比一九一六年的進口量低了 24481 擔。這主要是因為歐洲市場大量需求食糖，從而大量的糖從香港船運到歐洲，以滿足歐洲市場需要。內地市場食糖需求並未減少，出口量又反增加，造成食糖價格也隨著需求的增加而上漲，商人們因此獲利不少。但是到了一九一八年，進口食糖的各種產品和數量都有了不同程度的增加。這是因為：在食糖市場上，香港、爪哇和日本商人之間有過激烈的競爭，使糖價下跌，一些商人便乘機大量購進食糖，運入九江市場。

火柴：這是人們日常生活中的必需品之一。在中國輸入的外國製造品中，任何東西都不及火柴這樣受到人們的歡迎並如此迅速地增加。拿全國的情況來說，一八六七年進口的火柴僅 79236 羅，至一八八〇年竟達到 1419540 羅。九江商埠進口的火柴多數是日本貨。由於日本製造火柴的原料和勞動力的價格不斷上漲，因此價格比較昂貴，不受消費者歡迎，其進口量一直不大。十九世紀末，當九江榮昌火柴廠開工生產第一批火柴後，日本火柴的進口量雖上升過，但總的趨勢是不斷下降。至二十世紀初，日本

86 九江海關檔案：kiukiang trade reports，1911-1920 年。

87 九江海關檔案：《貿易報告：1915 年》，kiukiang trade reports，1911-1920 年。

火柴在九江市場上就根本沒有什麼銷路了。後來日本火柴廠紛紛改進技術，採取卑鄙的傾銷手段，將低價的「洋火」大量傾銷於江西各地，江西本地所產之貨，不及洋貨穩定潔淨，無法與其競爭，堅持數年後，又將工廠頂賣。

毛織品：十九世紀七〇年代初期，英國開始向九江輸出毛織品。但因「江西省廣大的農業人口並不需要許多毛織品；有錢的士紳仍然喜歡穿綢緞，而使用大量羽毛作軍旗，用羽綢和毛羽綾作軍服的軍隊數量也不多，不足以構成大量的需要」。[88]這種情況直到一八八九年仍不曾表現出任何較大的發展。

零星物品：金屬的進口很少，主要有鉛、鉛板、鉛錠、鉛棒、鐵、鐵板、舊鐵、低碳鋼、低碳鋼纜、電線等十數種。鉛主要用於做茶箱的鉛罐，大半運往南昌和廣信（今上饒縣）銷售。「前者供應寧州茶區，後者供應安徽省邊境的綠茶區」。[89]在零星的進口貨物中，作為嬰兒食物的煉乳的需求量逐漸增長；洋傘的輸入，一八八八年比上一年增多了五萬把；窗玻璃的進口量同樣增加了三萬平方米；苯胺染料、肥皂（大部分來自日本）、殺蟲藥、棕葉扇、海參等貨物的進口量也在不斷擴大中。[90]詳見下表：

88 《統捐章稅》，載《江西官報》丙午年（1906 年）第三期，奏牘二。

89 Trade Report，1874 年，九江，第 53 頁，轉引自《中國近代對外貿易史資料》第二冊第 826、827 頁，中華書局 1962 版。

90 陳榮華、余伯流：《江西經濟史》，江西人民出版社 2004 年 11 月，第 488 頁。

・江西省進口貨物表

	棉布（匹）	棉紗（匹）	煤油（加侖）	糖（擔）	鋼材（擔）	茶（擔）	海產品（擔）
1904	402346	134886	3841410	155076	48585	1	63167
1905	329673	112841	4662650	143081	51554	1166	56512
1906	300743	111942	5398400	182418	58289	1971	58625
1907	436575	159573	6258070	227911	70702	18411	75069
1908	364584	138633	6859572	172926	69313	3590	70970
1909	350205	111230	5171003	184422	74383	5808	63872
1910	370069	147126	7566017	175721	76983	8040	79458
1911	347773	101492	1331996	179557	74857	1896	57253

資料來源：根據陳榮華：《江西近代貿易史資料》編制。

（二）土貨出口

中國同資本主義國家之間的貿易，是一種半殖民地性質的貿易。江西無疑是外國侵略者的商品市場和原料供應地之一。鴉片戰爭前夕，中國大宗出口產品，如茶、絲、瓷、布、中藥等，均由廣州一港通商，大量商品經贛江一大庾嶺商路運至廣東。九江開埠後，外國商人以自由貿易為幌子，在中國大肆傾銷商品的同時，又瘋狂的掠奪中國的原材料和其他寶貴財富。從江西及其鄰省收購大量物資從九江關出口，這其中主要是手工業品和農產品。自此以後，出口商品種類和數量的增多，適應了外國資本主義工業生產發展的需要，這是對江西及其鄰近地區進行殘酷掠奪的表現。有調查資料顯示，江西歷年向市場提供銷售的物產有六十三種。其中，有三十五種除供本省本地銷售外，還運銷國內外。

茶葉：江西的土貨輸出以茶葉為大宗。江西向來為中國的重要產茶地區。種植茶葉百餘萬畝，散布於五十餘個縣，如德興、玉山之綠茶，修水、河口、浮梁之紅茶，以及萬載、安遠、吉水、尋烏、銅鼓、武寧等縣，產茶量都很大。

十九世紀中葉，江西僅出產綠茶。「那時江西省的寧州一帶茶區僅以綠茶聞名。而現在以及過去多年，福建紅茶雖然曾大量輸出，但寧州茶區所產的紅茶也已為世人所重視」，「它在倫敦市場上，一般均售得極高的價格」。[91]十九世紀中葉以後，為了適應國際市場對紅茶需求量的增加，中國商人在寧州茶區用原來製作綠茶的茶葉製出了一批紅茶運往廣州銷售，結果頗受廣州外商的讚賞。寶順洋行買下了這批紅茶運往英國，「銷路甚佳，並且馬上成為一種頭等的紅茶。此後銷路年年不斷增加，同時中國茶商也經常源源供應」。這就使原來以出產綠茶聞名於世的寧州茶區變成了專門生產頭等紅茶的茶區。婺源縣既是生產綠茶的大縣，又是南來北往販茶比較活躍的中心之一。婺源延村，為金、吳、程、汪四姓共建，這皆以產茶、販茶而致福，民居風格屬徽派建築，門樓石牌坊，水磨青磚，門頭翹角，酷似「商字」，門戶相成，隔巷相對，雨天無須雨具，可穿堂串巷。村中全是青石板路，無台階，意寓不崇官，往商平坦，屋內板壁木樑柱，皆以平雕、透雕、浮雕精工而成，雕圖百象，形象逼真，栩栩如生。

---

91 轉引自《中國近代對外貿易史》第三冊，中華書局 1962 年版，第 1474 頁。

四姓一村，群屋一體，是現今十分寶貴的文化遺存，更是當時茶葉貿易興旺發達的一個見證。由於貿易頻繁，茶葉的出口數字繼續增長。一八八二年為 280037 擔，一八八六年一躍而為 307096 擔，占全國茶葉出口總數的 12%以上，創十九世紀八〇年代江西茶葉出口的最高紀錄。

一八六一年九江初開放時，尚無外國茶商。因此在本埠購買的茶，須以未曾加工的形態運往上海，在上海再為加工、包裝；然後運銷外國市場。至一八六二年，才有十六、七個中國商人在九江設立茶行，為茶的輸出加工，使茶葉的出口量在正式開關的一八六三年就達到了 198209 擔，占同期全國茶葉出口總數的 12%左右。隨著茶葉貿易的進展，在茶區收購、販賣、加工茶葉的中國商行，由十九世紀七〇年代的七家增加到一八八一年的二五二家、一八八二年的三四四家。

後來，英國怡和洋行的商人、英國的「寶順」以及美國的「瓊記」、「旗昌」等洋行的茶商就擅自闖到「義寧茶」產地武寧、修水一帶就地收購茶葉。他們「既無海關憑照，亦未知會到關」。還有一些洋商，他們坐鎮九江，並不深入產茶區，但卻有「內地商人」替他們到茶區收購。

在外商掠奪中國的茶葉資源以後，「江西省沿鄱陽湖的產茶區，在最近五十年中，已發展為一個很重要的茶區，所有婺寧及寧州茶都是這個地區出產的，並且大量輸往歐美」。[92]一八七一

92 《中國近代對外貿易史資料》第三冊，中華書局 1962 年版，第 1474

年，由於歐洲茶葉消費驚人的增長，其速度超過茶葉生產的發展。於是，擴大茶樹的種植，增加茶葉的產量，使許多新的產茶區出現了。到七〇年代中期，有五個新產區的茶葉進入了九江市場。這就是距九江埠二八〇里的吉安，距九江埠八十七里的建昌（即今永修），距九江埠三十五里的瑞昌和九江附近包括廬山山脈的一些地方。出產的茶葉，多數通過修河、信江、饒河、贛江、鄱陽湖等江湖，船運到九江集中出口，因而使九江成為一個茶葉資源豐富，品種齊全，與漢口、福州並駕齊驅，聞名中外的茶市。由此而出現了以修水、武寧、銅鼓為主體的寧紅茶的銷售市場。

九江開埠後，輸出茶葉的類別可分為紅茶、綠茶、磚茶和茶末。紅茶又分為紅茶葉、紅茶磚、小京紅茶，茶末、梗子、毛茶六種，綠茶分為綠茶葉、綠茶磚、小珠綠茶、熙春綠茶、雨前綠茶、綠茶塊等。紅茶、綠茶主要運銷英、美等國，磚茶、茶末主要銷往俄國和東歐國家。例如，對俄國貿易，主要是磚茶出口。光緒十七八年間，磚茶復漸次發達，俄商於九江設立分行及機制磚茶廠二所，一名阜昌，年產 26000 擔，一名順豐，年產 15000 擔。從十八世紀七〇年代末至二十世紀初，本埠製造的磚茶繼續增加。一八九七年以後，狡猾的俄國商人利用中國官吏的昏庸無能，「自由輸入了錫蘭末茶攙和中國茶製造。這一點上，中國又吃虧了。錫蘭末茶輸入時，只要畫押保證，一年以內轉口，便不

頁。

納人口稅；更特別的是，雖然再輸出時是磚茶而已不是末茶，轉口時也不納稅」。[93]海關報告顯示，輸入俄國的磚茶，1872-1881 年為 86128 擔，1882-1891 年為 259268 擔，1892-1901 年為 342760 擔。可見其輸出量與紅茶、綠茶不一樣，它仍在持續上升。

十九世紀末葉，在英國市場上印度茶和錫蘭茶都打破了中國茶獨占的局面。在美國市場上，日本茶成了中國茶的競爭者，加上年成不好，時有減產，到二十世紀的頭二十年，紅茶的價格大為降低，綠茶的銷路成了問題。清光緒三十年左右，因寧茶衰落，茶市逐漸移至漢口，九江洋行、茶莊，均先後收縮或停業，於是一般茶莊不得不改弦更張另闢途徑，轉趨於茶棧業，專營轉運報關之事，是為九江茶業史上之一大變遷。

瓷器：江西景德鎮生產的瓷器，外銷世界各國，馳名天下。進入近代以後，江西景德鎮瓷器除滿足國內市場外，也成為九江商埠一大出口品。但由於生產技術漸趨落後，且在花色品種方面因循守舊，不知仿製歐美用品，不能與外洋匹敵。同時由於海關檢驗時手段苛繁，徵稅無度，「須將原包開驗，分別粗細收稅，既屬稽時，又易破碎，且或認粗為細，加以重罰，故各商視為畏途」；或改從陸路外運，致使「九江關出口瓷器日形短少」，[94]商情、稅務兩方面同遭打擊。為了改變這種狀況，一八七五年五月

93 《光緒三十二年商務口岸華洋貿易情形》，見《東方雜誌》第十一期，第 158 頁。

94 九江海關檔案《總稅務司通告：1876-1882 年》，《北洋大臣札行總稅務司：光緒元年五月十六日》。

（光緒元年四月），九江招商分局的商紳曾致函總稅務司，提出變通辦理的要求，建議「將瓷器不認粗細，計每百斤收正稅六錢七分五釐，收半稅三錢三分七釐，餘或於紅花藍花分別粗細」，「變通辦理，以為恤商裕課，兩有裨益」。[95]同年六月，清廷出於增加關稅的需要，由北洋大臣札行總稅務司，同意九江招商分局商紳們的要求，飭令九江關遵照核明辦理，悉除「瓷器到關向來稽延、破損、誤罰之弊……嗣後凡有商人報運瓷器，該關但須查明是否，以防夾帶別項重稅之貨，至該瓷器粗細悉聽該商自報，不必仍前拆開細驗，致群視為畏途……且系先行試辦一年，如一年內瓷稅果增，以後即可常川照辦」。[96]這些措施對恢復九江關的瓷器出口貿易，無疑起了一定的促進作用。從此以後，江西瓷業走入低谷。據載，極盛之時，嘗有窯三千座，從業工人達上萬，產品輸出各地，且達南洋歐美。每年出品上萬擔，總值約六千萬到七千萬兩以上。從同治二年至宣統三年，其出口數量大都在兩萬擔至六萬擔之間，只有極少的年份在一萬擔以下。[97]

夏布及苧麻：夏布為江西的又一特產，盛產於萬載、宜春等縣。當清末民初，夏布每年輸出數量平均達一點五萬擔以上，約合九十萬匹。近代江西土布輸出也不少。「從南昌銷出去的頗

95 九江海關檔案《總稅務司通告：1876-1882 年》，《北洋大臣札行總稅務司：光緒元年四月五日》。

96 九江海關檔案《總稅務司通告：1876-1882 年》，《北洋大臣札行總稅務司：光緒元年五月十六日》。

97 陳榮華、余伯流等主編：《江西經濟史》，江西人民出版社 2004 年版，第 493 頁。

多，一條線由貴溪弋陽河口玉山轉入福建之崇安、浙江之常山；一條線由饒州、樂平景鎮轉入安徽之婺源等處；一由撫州、南豐、建寧轉入福建之邵武汀州等處；一由奉新、瑞州、義寧、武寧轉入湖南之平江等處。」[98]「峽江、廬陵所出之布裝運寧都州、萍鄉、大庾、雩都轉售湖南之醴陵、福建之汀州，並由南雄直運廣東」。江西用洋紗織成的土布，仍繼續在佛山被染成仿「長青布」，運銷新加坡。

苧麻（Ramk）及黃麻（Jute）為江西農業的特產，苧麻的特長，在其纖維拉力高於一切植物性紡織纖維，設苧麻纖維之強度為 100％，則大麻為 56％，亞麻為 25％，絲為 13％，棉為 12％。江西所產苧麻，則為製成夏布之主要原料。苧麻的輸出開始只為幾千擔，從一八六六年開始一路飆升，連年增加，但始終未超過茶業的出口量，清末最高年份的輸出達 113634 擔。

其餘經由九江海關出口外銷的還有菸草、芝麻、大豆、棉花和稻穀。

菸草：菸草在明末由閩粵客家傳入江西后，清朝在贛南和贛東北廣為種植，菸草加工工業隨之得到發展。江西全省有二十多個縣種植菸草，為全國主要的產煙區之一。其所產煙葉，主要運往上海、鎮江、南京、蕪湖、汕頭、寧波、通州、漢口、廣州、安慶、武穴、長沙、天津、大通、宜昌、牛莊、廈門、沙市、岳州等商埠轉岸出口或加工復出口。菸草在大量出口的同時，又有

98 《商務官報》第十六冊，戊申年（1908 年）。

少量進口，這主要來自香港、上海、汕頭、廈門、漢口、鎮江等商埠的復進口。

芝麻：主要運往上海、鎮江、南京、蕪湖、通州等商埠轉岸出口或加工復出口。芝麻的出口量，一九〇一年為 23603 餘擔，一九一一年增加到 62971 擔。同煙葉、大豆的輸出量相比起來是十分少量的，有的年份只有五分之一。與稻穀出口量相比平均差不多。

棉花：主要運往汕頭、上海、鎮江、寧波、南京、蕪湖、大通等商埠銷售或轉岸出口。

稻米：「省米穀運輸，以贛江撫河及南潯鐵路為主幹，米穀集中之趨勢，大致以南昌為總匯，贛縣、吉安、樟樹、豐城市儀、臨川、黃金埠、瑞洪、鄱陽、涂家埠等為主要集散市場。尚有出口，鐵路則經九江（亦有少數由水路運至九江），水路則經湖口，尤以九江為重要門戶。」[99]主要運往上海、煙台、漢口、牛莊等商埠銷售或轉岸出口。江西各類商品歷年輸出的數量情況見下表：

・江西省 1863-1911 年出口貨物表　　單位：擔

貨品／年份	茶葉	瓷器	紙張	夏布	苧麻	煙草	黃豆	稻米	芝麻
1863	198209	29100	121815	1309	4500	18003			

99　江西省農科院（專刊第四號）：《江西米穀運銷報告》（1937 年），第 4 頁。

貨品 年份	茶葉	瓷器	紙張	夏布	苧麻	煙草	黃豆	稻米	芝麻
1864	134514	66178	71363	2459	16459	14479			
1865	201338	32281	42885	2420	7858	19266			
1866	177331	18150	54818	3177	15438	7984			
1867	154813	6951	27181	1714	20655	6537			
1868	196195	5531	54004	1916	27535	5992			
1869	179372	10795	47619	2264	22380	4711			
1870	167999	9974	43678	1935	22663	3314			
1871	194858	9050	33451	2086	22449	3933			
1872	213376	7653	30667	3286	18075	3711			
1873	225726	10165	21929	4058	21993	5336			
1874	244722	12327	36132	3662	24878	7342			
1875	249099	10569	47806	3101	19636	10711			
1876	251113	14157	62474	3272	28198	12016			
1877	245143	11342	79692	2882	32469	13956			
1878	268100	6079	95675	4085	29795	28548			
1879	249551	5046	100582	5945	29779	15461			
1880	261496	12141	106244	6117	40985	46760			
1881	274051	12592	111421	6571	27650	26575			
1882	280037	18617	117522	5293	32242	52308			
1883	278148	19482	123109	5709	26493	21939			
1884	278001	13081	125855	5430	30244	31393			
1885	285619	16463	142487	4529	32423	67730			

年份＼貨品	茶葉	瓷器	紙張	夏布	苧麻	煙草	黃豆	稻米	芝麻
1886	307096	20685	128637	4944	2396	49232			
1887	276614	21133	101171	4568	17127	33752			
1888	277827	24126	121749	5435	27450	45016	5053		
1889	280705	24152	93301	6185	25704	73289	2686		
1890	242714	26786	119273	7302	29746	45331	763		
1891	249983	26213	118417	8771	1551	52783	283		
1892	217812	32210	126174	7499	30751	56786	4166		657
1893	219357	33593	113092	7270	42912	70986	9612		11
1894	211118	38989	103121	7439	43464	65970	3577		407
1895	266081	34625	85174	8981	38039	50049	25023		5917
1896	230367	46315	130004	11522	46645	65563	12816		4259
1897	192364	49274	116974	11848	48925	83822	10568		9941
1898	200800	48646	161142	8487	57400	133963	69280		42416
1899	219569	53567	117518	8727	70156	77935	179758		56786
1900	216152	28036	75875	11191	80379	87499	288427		88415
1901	164998	25423	100165	9446	80379	115029	52035		23603
1902	271879	54513	156368	9588	87009	96303	88329		58046
1903	286386	51513	128965	12847	67005	70463	131398		46092
1904	182828	36614	143137	11129	83802	104683	334301	20334	66971
1905	175881	45704	156043	13455	113634	164429	196546	74764	28276
1906	199113	59874	123818	15302	125889	102904	375207	30436	55665
1907	251252	67652	113078	18386	119089	111371	462882	73949	48844

貨品 年份	茶葉	瓷器	紙張	夏布	苧麻	煙草	黃豆	稻米	芝麻
1908	229285	52445	123841	16896	112461	119259	367013	1390	51692
1909	247768	53201	114300	16762	108885	137150	429797	13450	36871
1910	234363	65779	172381	13823	109346	137705	243890	68121	65720
1911	244880	59750	120102	12477	113534	136272	371566		62971

資料來源：根據陳榮華：《江西近代貿易史資料》編制。

上表反映的出口商品結構變動的趨勢是：一、茶葉從一八六三年開始就一直保持巨大的出口量，在近代江西商品的對外貿易中，占有舉足輕重的地位。然而從一八七八年起就開始逐漸減少。二、江西出口產品替代性較強。當茶葉出口量逐漸衰敗的時候，出現了新興的農副產品、手工業產品的出口，如紙張、夏布、芝麻、大豆、苧麻、煙葉、夏布的輸出量在迅速增長，對維持江西商品的對外貿易起了重要作用。使得江西的進出口貿易在全國居中等偏上的水平，在全國占有一定地位。三、出口農副產品從單一產品向多樣化方向發展，發展到二十世紀以後，黃豆、芝麻、西瓜子、靛青等農產品也占了相當重要的位置。四、稻穀出口數量不大，不僅有許多年份沒有稻穀出口的記錄，記錄的最高數隻有七四七六四擔，而且這一時期江西每年都在大量進口大米。上述出口商品構成的變化，一方面說明江西物產豐富，可供國內外市場選擇的商品很多，面對國內外市場的競爭局面，還能夠維持出口貿易的一定水平。另一方面卻說明江西小農經濟在改進生產技術，提高產品競爭力方面，由於各種原因，反應遲鈍，收效甚微，終於一而再，再而三地失去了傳統產品的市場。[100]

（三）各類商行的湧現

洋貨的湧進，江西各地先後出現不少為推銷洋貨服務的洋布店、洋油棧、顏料鋪和洋貨商。出口貨的增加更使許多商人轉化為土產品收購商和經銷商。如太平天國年間，婺源俞德昌、俞德和、胡源馨、金隆泰四家茶號，各制箱茶千百箱不等，運往香港，獲利頗厚；江西買辦黃蘭生因為洋商服務，發了大財，於一九〇五年在漢口創辦起漢斗麵粉廠，轉化為產業資本家；原在南昌開木架行的商人趙干卿，經人推薦為美國美孚油公司經銷洋油。一九〇七年他在南昌老河街開設明記油棧。美方為鼓勵他擴大銷路，給以種種優惠條件，如憑領條取油，售後二十天付款，提前付款，另給獎金等。自後，趙干卿擴大業務，先後在樟樹、吉安建立分店，在贛州、撫州及其他重要城鎮設立分銷處，向廣大農村銷售洋油。由此，他經銷的油量猛增，由每年二、三萬箱增為五六萬箱，最高達八萬箱，利潤最高一年達銀洋十萬元。後來，他還兼營洋燭、火柴、洋鹼等，並將資金轉入到米、鹽、洋紗、錢莊等行業。由於其資金越積越多，其財富在南昌已獨占鰲頭，被人稱為「千萬富翁」。

（四）進出口貿易綜合分析

100 萬振凡、林頌華主編：《江西近代社會轉型研究》，中國社會科學出版社 2001 年版，第 68 頁。

九江開埠以來，進出口貿易總值一直是平穩增長的。自一八六五年至一八九四年的三十年間，貿易表徵良好，基本上保持在一千萬兩左右，且處於出超的有利地位。同時應當看到，從一八八七年開始，土洋進口貨值的總和尤其是洋貨的淨進口值越來越大，而土貨的出口值卻沒有什麼增加，因此，出超的數值變得越來越小；從出超最多的六百餘萬兩，逐漸降至最少的六十餘萬兩，下降了十倍。具體情況詳如下表：

・九江 1865-1894 年進出口貨物情況表　　單位：1873 年以前為海關兩[101]

年份	進口貨值	出口貨值	年份	進口貨值	出口貨值
1865	3251611	6273930	1880	3916650	8824996
1866	3788765	6170202	1881	3568671	8562236
1867	3501849	4358760	1882	3247193	9109815
1867	3463859	7683993	1883	2897275	6693194
1869	3157013	6546886	1884	2852825	635180
1870	3296363	6130323	1885	3597714	6524350
1871	2930389	6870311	1886	3876538	7584342
1872	3187384	7984623	1887	4504579	5864306
1873	3382277	8246600	1888	4685375	6364863
1874	3775667	9524812	1889	4575428	6852790
1875	3433842	9359330	1890	5007885	6825327
1876	3416786	9533772	1891	5578958	8264722

101 姚賢鎬：《中國近代對外貿易史資料》第三冊，第 1123 頁。

1877	2985143	8824911	1892	5622262	6216557
1878	3163411	8924436	1893	4908380	6429035
1879	3476832	7777626	1894	4911997	6705479

將上述進出口貨值的消長情況稍加比較，不難看出九江對外貿易貨值量消長的基本趨向及其特點：在十九世紀中葉，九江對外開放通商以後的一個時期內（從 1865 年到 1886 年），其對外貿易處於出超的有利地位。這種情況，與全國對外貿易的總體情況有所不同。全國對外貿易，除了一八七二年至一八七六年有少量出超外，一直處於入超的逆境。但是，它們的發展趨向是一致的。這就是說，全國對外貿易的發展，愈往後入超的數字就愈大；九江的對外貿易，從一八八七年開始至一八九一年為止，愈往後出超的數字就愈小。[102]

二十世紀初期，九江的對外貿易很快地由十九世紀末最後幾年的進出口貨值量平衡轉變為大量的入超。自一九〇〇年到一九一一年，進口貨物增多，其呈現入超局面，且呈逐年上升趨勢。這也是長江流域各口的普遍狀況和共同特點。海關統計資料表明，從二〇年代起，九江口岸的對外貿易便又陷入了幾乎是年年虧折、歲歲入超的困境。詳見下表：

102 陳榮華等著：《江西經濟史》，江西人民出版社 2004 年版。

・九江 1900-1911 年對外貿易價額統計表　單位：元

年份	洋貨進口淨數	土貨出口總計	入超（－）或出超（＋）
1900	7020101		－7020101
1901	8396856		－8396756
1902	9195229	117401	－9077828
1903	10341137	80280	－10260857
1904	10565845		－10545845
1905	9774693	5	－9774688
1906	7981556	1053	－7980503
1907	11123331	1591	－11121740
1908	10328233	48350	－10279883
1909	9889796	70165	－9819631
1910	12420018	91300	－12328718
1911	12709811	59398	－12650413

對外貿易對江西社會發展的產生了一定的影響，具體表現在如下幾個方面：

第一，外資的滲入，加快了自然經濟的瓦解，推動了資本主義因素的產生。九江開埠後，近代江西完全意義的外貿產生並逐步發展，外貿成為江西與外界保持經濟接觸的一座橋樑。外國資本主義也是通過外貿無形地將江西納入資本主義世界市場體系，對江西社會經濟產生破壞和促進雙重性的影響：一方面，它不斷瓦解自給自足的傳統自然經濟，使江西不斷淪為外國資本主義原料供應地和商品傾銷市場，原有經濟產品，農業產品以畸形的方式進一步商品化、市場化。另一方面嚴重阻礙了江西農業經濟結構的有機協調發展，削弱了江西農業發展後勁，導致產業結構畸形發展。但同時也促進了民族資本主義的產生和緩慢發展，外貿拉動了城鄉商品經濟的發展，而且一些有眼光的地主士紳、商人在與外商、洋行交往中逐漸認識到發展本省工商業的重要性，振興經濟，挽回利權的呼聲不斷出現。外貿帶來的經濟利益和市場槓桿誘發了民族資本主義的初步產生和發展。[103]

第二，外貿引起了社會階級關係及其矛盾的演變。這集中表現在眾多農民手工業者相繼破產，人民生活更加貧困，階級矛盾不斷激化；經營傳統產業的商人地主分化瓦解，經營具有資本主義性質新式產業的資本家產生；外國資本主義通過外貿這一中介逐漸將江西納入世界資本主義經濟體系，江西開始淪為半殖民地半封建社會，引起的社會經濟生活的變動，導致了江西社會階級關係的變革。早期的無產者階層和資本家階層之間的矛盾不是當時社會的主要矛盾。外國資本主義侵略同江西人民大眾的反侵略成為當時江西社會最根本的矛盾。[104]

第三，外貿激發了人們思想觀念的革新。思想觀念的革新不僅是社會經濟政治變革的前奏和動力，更是人們發展生產，改造

103 萬振凡、林頌華主編：《江西近代社會轉型研究》，中國社會科學出版社 2001 年版，第 74 頁。

104 萬振凡、林頌華主編：《江西近代社會轉型研究》，中國社會科學出版社 2001 年版，第 76 頁。

社會的不竭動力和精神支柱。江西人思想觀的革新為江西地域經濟的發展，社會制度的轉型創造了有利條件。

總之，這一時期的江西外貿在小農經濟與資本經濟的碰撞中，以極富破壞性的方式開始瓦解江西傳統的自然經濟，被迫成為外國資本主義商品銷售市場和原料產地，但是亦加強了江西與外界的溝通和聯繫，推進了資本主義的產生，促進了新的階級的形成，革新了人們的思想觀念，這一切都為江西由傳統社會向近代社會轉型創造了條件。[105]

第三節 ▶ 交通運輸業的興起

唐宋以來，江西一直是中國南北交通的要道，這一國內交通大動脈地位奠定了江西數百年經濟繁榮的基礎。傳統水運業在江西極為發達。十九世紀末二十世紀初，外國侵略者掀起了瓜分中國的狂潮。沿海各口的開埠、海運的勃興，表明了近代中國交通劃時代的變遷。江西的近代交通運輸業正是在這樣的大背景下興起。於是經過近半個世紀的沉寂與徘徊之後，江西才逐步開始了江西近代交通建設的新歷程，從水運向陸路運輸的過渡。

一　輪船航運業

江西北臨長江，與湖北、安徽相連；東、南、西三面環山，

105 萬振凡、林頌華主編：《江西近代社會轉型研究》，中國社會科學出版社 2001 年版，第 71-79 頁。

依次與浙江、福建、廣東、湖南接壤；所處地理位置為中原與嶺南、沿海與內陸的結合部，自古就有「吳頭楚尾，粵庭閩戶，形勝之區」的美譽。境內贛、撫、信、饒、修五大水系如葉脈狀遍佈全省，主要水道贛江縱貫省境南北，入鄱陽湖，出長江，北連運河，東下大海，溝通國內和世界各地。特殊的地理位置和水道流向，使江西在中國古代交通中占有十分重要的地位，成為舉世聞名的海上絲綢之路的中樞。

中國的輪船航運業是中國最早出現的資本主義行業，江西的輪船航運業也不例外。江西是長江流域諸省中試辦內港航運業較早且較活躍的省份之一。早在一八九二至一八九三年間，地方不少商紳就曾數次稟請通行內河輪船，但遭到兩江總督劉坤一的百般阻撓。隨著民族資本主義的發展與外國對內河航運侵略的矛盾日深，國內要求創辦近代輪船航運的呼聲日益高漲，在部分官員的支持下，清政府終於在一八九五年先後電令各省督撫，准許「內河行小輪以杜洋輪攘利」。[106]一八九六年八月又發出上諭，「飭令購置內河小輪，蘇、杭、淮、揚及江西、湖南均准開辦」。自此，華商創辦內河輪船企業取得了合法地位。

江西的第一家華商輪船企業是一八九六年由蔡燕生、鄒殿書等在南昌創辦的福康輪船公司。該公司有資本六點八萬兩，有小輪五至六隻，航行南昌至九江及饒州、吉安、湖口等處。主要是搭載行客及拖帶貨船。福康輪船公司的創辦開了近代江西輪船航

106 張之洞：《致蘇州奎撫台》（光緒二十一年六月初六日），《張文襄公全集》卷一四七，第4頁。

運業的先河，鼓舞了江西各界有識之士對內河輪船航運事業的投資，省內幾個港口陸續出現了一批輪運企業。

一八九八年，和濟小輪公司與順昌協記小輪船局先後在九江開張；一八九八年九月，鄱陽商務內河輪船公司在饒州成立。一九〇〇年，航行於贛江中下游、鄱陽湖的江西商輪已達十多艘。

一九〇一年後，江西內河輪船業有了新的發展。一九〇二年七月，江西地方當局集資三萬兩，購置商輪四艘，建造碼頭、房屋等設施；後又招商五千兩，添購輪船兩艘，於南昌正式創辦內河商輪公司，開闢了自吉安至吳城、吳城至九江、九江至饒州等地的航線。一九〇二年五月，官紳唐征瑞等投資兩萬兩，在南昌創辦了見義輪船公司，一九〇五年易名為魁記見義輪船公司，其有輪船四艘。同年，江西省官廳收購和濟公司後成立了江西官輪船局，後改名為豫章商輪公司。到一九〇三年，外地公司開始在江西開設分局，上海泰昌輪船局率先在九江港設立了分公司。次年，廣東航業商會在南昌開設廣東輪船公司，鎮江的順昌、勝昌兩家輪業公司也在九江設立分局。這期間還出現了兩家實力較雄厚的輪船公司，即一九〇六年創辦的道生公司和祥昌公司。道生公司由江西巡撫吳重熹與九江道的幾名官員集資開辦，資本十萬兩，有小輪七隻，是江西規模最大、實力最強的一家輪運企業。辛亥革命後不久，道生輪船公司和豫章商輪公司被認為是封建性質的公司，資產被沒收後改組成立光漢輪船公司。一九一五年，道生公司復業，光漢輪船公司改稱保勝輪船公司。祥昌公司則為徐竹亭個人創辦，資本八萬兩，有四艘小輪，航線為九江至吉安各城鎮間。

這裡要提到的是，九江招商局於一八七三年成立，在港口建立碼頭，設囤船一艘，一八七四年設立貨場，儲存漕米，後陸續從美商旗昌輪船公司、美商瓊記洋行購進房產、地基、囤船。

一九一一年，據九江海關報關資料統計，江西內河的本省籍輪船共有三十三艘。

這個時期航運發展的特點是輪船企業數目較多，但都規模不大，有私人、官辦、官商合辦等多種形式，航線大多侷限於鄱陽湖及贛江中下游。總體看來，這時期江西內河近代民族輪船業雖已出現，但是十分脆弱。儘管如此，它仍為江西民族輪船業的發展創造了有利環境和條件，為江西輪船航運體系的形成奠定了基礎。同時，它又啟動了江西從傳統的交通方式向近代交通方式的轉變。

二　鐵路興築

鴉片戰爭後，由於外國殖民主義者的入侵和國內封建統治的腐朽，中國逐漸走向貧困落後，江西南北通道也失去了過去的興旺。鐵路的修建對江西經濟振興起著重要的作用，它有力地帶動了商品流通。近代交通鐵路這個新鮮事物的出現，在江西可以追溯到清朝同治四年（1865 年），洋人建議在中國修鐵路，為此朝廷展開討論。是年四月，江西巡撫沈葆楨致函總署：「至鐵路一節，窒礙尤多；平天險之山川，固為將來巨患；而傷民間之廬墓，即啟目下事端」，極力反對修鐵路。次年五月，江西巡撫劉坤一亦奏稱朝廷：「輪車電機，益令彼之聲息易通，我之隘阻盡失。以中國之貿遷驛傳，固無須此；而地勢物力，均所不能，斷不可從其（外國人）所請（修築鐵路）。」這些言論，一方面表現出中國封建統治者對外國入侵的警惕；另一方面也暴露出統治者對鐵路認識的膚淺和愚昧，嚴重地阻礙了中國近代交通的發展，這樣一晃就是三十年。甲午戰爭與日本較量後，當局者才深知鐵路運輸的便利。以前極為反對修路的人也極力主張開辦鐵路公司、修建鐵路。一八九五年兩江總督劉坤一奏稱：「時至今日，談國是者莫不以富強為要圖，顧非富無以致強，非強無以保富。而究之富強之本，求其收效速，取利宏，一舉而數善備，則莫急於鐵路。鐵路之裨於軍務、商務，今已盡人知之矣。」

江西近代鐵路繼輪運業的興起而發展。鐵路作為一種先進的交通工具在中國大陸上的產生既是資本主義列強侵略、控制中國的結果，也是清政府為維護其統治地位而大興築路的結果。清統治者對於引進鐵路經歷了因無知到躊躇，再到積極提倡的轉變過程。從中日甲午戰爭後至辛亥革命前後（1896-1911 年），是中國近代史上第一次鐵路興建高潮，十六年間共修鐵路八千八百二十五公里，平均每年修建五百五十一點六公里。江西近代鐵路正是在第一次修鐵路的高潮期間得到初步發展的。這次高潮的出現，既有資本主義列強瓜分中國鐵路路權的因素，也有中國人民維護路權，開展商辦鐵路運動的因素，江西鐵路的興建主要屬於商辦鐵路運動。

（一）株萍鐵路的修建

江西境內最早興建的鐵路是株萍鐵路，也是中國近代較早的自辦鐵路之一。株萍鐵路是隨著萍鄉煤礦的開辦而修築的，它東起江西萍鄉的安源煤礦，西到湖南湘潭的株洲，全長九十八點七八公里（62 英里），由萍安段、萍醴段、醴株段組成，跨連湘、贛兩省，湘境線路占十分之六，贛境線路占十分之四。株萍鐵路修建過程如下所述。

由於清朝興辦蘆漢、粵漢兩條鐵路所用鋼鐵材料，均需焦煤熔鑄，而焦煤又由鐵路總公司在江西萍鄉煤礦開採後運至漢陽鐵廠。一八九八年，煤礦總辦張贊宸請示鐵路督辦大臣盛宣懷，謂萍煤礦苗雖旺，但運輸困難，擬由黃家灣至長潭築一輕便鐵道，以便運輸。奉批，准予即辦，於是籌辦黃長鐵路。同年二月，盛宣懷以運煤建路之事諮商江西巡撫，擬由萍鄉築路至醴陵雙江口，後經張贊宸勘估，請改舊議直達醴陵南門外與計劃興建的湘粵路銜接。由盛宣懷會同湖廣總督張之洞奏准，於是改辦萍醴鐵路。同年十二月盛宣懷札委萍鄉縣令顧家相會辦萍安鐵路購地事宜，並設購地局。

萍醴段在萍安段尚未竣工前就已開始修築。一八九九年三月，鐵路督辦委派湖南候補道薛鴻年為萍醴鐵路總辦。開辦之初，總局設在醴陵。總辦一人管理全局暨全路一切事宜，飭美工程師李治等趕造萍鄉至醴陵工程。在安源設行車總管、廠務、養路三處。均由洋工程師掌管理和兼管理行車、修理車輛機械及養路一切事宜。四月薛鴻年稟呈購地辦法，仿照蘆漢鐵路購地章程，該段購得土地三百三十三畝。總辦薛鴻年於七月兼辦購地事宜，分萍醴全線為六段，各設購地行局所，總辦督同各行局員紳人等，按照勘定路線，插標劃用地畝，為上、中、下數等，沿途榜示。是年七月萍安鐵路工程正式動工，訂定購地招股章程。九月萍醴線開工，所需經費由盛宣懷指定蘆保、淞滬建築餘款項下撥用庫平銀 152.0797 萬兩，折合銀元 217.2568 萬元。由黃家灣至萍河一路墊土鋪軌，次第蕆事。自萍河以下至醴陵，則飭李治、參將吳應科接續趕造。當月，鐵路總公司督辦盛宣懷委派美總工程司李治、副工程司馬克來及華副工程司羅國瑞攜帶翻譯員差弁工手和營兵會同萍醴紳董從安源開始測起，至湖南醴陵陽三石止，沿途勘察。十二月底測勘竣事。

一九〇〇年八月底，萍醴線因京津義和團運動，外籍技術人員撤離萍鄉，工程暫停。同年底萍株鐵路萍安段建成通車，全長七公里，這標誌著江西的第一條鐵路的建成，然而江西第一條鐵路的出現，比世界第一條鐵路晚七十四年，比中國最早的鐵路晚了二十三年。

一九〇一年四月，詹天祐隨同李治辦理萍醴工程，堅持按英制四尺八吋半（1435 毫米）標準軌距建路。是年七月重新開工。

一九〇三年二月，湖廣總督、江西巡撫會同鐵路督辦，電奏謂「萍路已造至醴陵，粵漢幹路亦議定岳州湘潭同時勘辦」。遂決議從醴陵繼續展築至株洲，萍醴改為萍潭。七月萍醴鐵路竣工，並正式通火車。中間除停工延擱十個月外，工程施工一共經歷了三年又兩個月。萍醴鐵路完成後，醴株線的勘測又開始了，由工程司馬克來、休文和羅國瑞等仍照前定辦法測勘，從陽三石起至湘潭縣株洲止，於十二月測勘完畢。勘測完成後隨即開工。盛宣懷又從蘆保、淞滬、萍醴建築餘款項下撥用庫平銀 141.2041 萬兩，每元七錢折合銀元 210.7220 萬元，年息均以六釐計算。

一九〇五年十一月醴陵至株洲鐵路竣工，整個工程共費時兩年又九個月。修建整條鐵路的經費由盛宣懷造具清冊，奏請批發郵傳部併案核銷。至一九〇八年統計，株萍路建設費合計 449.5165 萬元。其中購地費用 38.1932 萬元，築路費 283.8710 萬元，設備費 27.0094 萬元，其他費用 48.6361 萬元。該段建成後，將原有的萍安、萍醴二段合併，統稱為萍醴鐵路，一九二二年正式命名為株萍鐵路。株萍鐵路包括九個站，其中萍醴段車站五個、醴株段車站四個。其各站距離詳見下表：

・萍株鐵路各站距離

站名	公里	站名	公里	站名	公里	站名	公里	站名	公里
安源	0	萍鄉	8.24	峽山口	21.95	老關	37.87	醴陵	49.94
版杉鋪	63.66	姚家壩	78.47	白關鋪	88.90	株洲（終）	98.78		

株萍鐵路軌道路基寬度 6 米，標準軌距，即 1.435 米。路堤坡道約為 1：1 比例。沿線備有修道工役，凡遇道床石渣配件變化時隨時修理整治。所用鋼軌種類有中國式、比利時式兩種。中國式每碼 85 磅，占全線十分之三，餘為比國式，每碼 76 磅。自一九〇六年起至一九二一年止，共購鋼軌 10 次，均為漢陽鋼鐵廠所造。因全線曲線占其線長十分之三，鋼軌磨耗大，故需年年更換到限、斷裂鋼軌。軌枕系木枕，全線共計 15 萬根。橋樑有鐵橋、石橋、木橋 3 種。鐵橋共有 38 座，計長 594 米，價銀 42 萬元，平均每米價銀 707.5 元。其中最大的為陽三石鋼橋。石橋共 11 座，計長 241 米，價銀 14560 元，平均每米 60.39 元，均

係磚及混合土砌成。木橋共 5 座，計長 283 米，價銀 13 萬元，平均每米價銀 458 元。其中最大的為湘東木橋，長 140.2 米，其次為萍鄉木橋，再次為峽山口木橋。涵洞共 692 個，計長 6862 米，價銀共 140524 元，平均每米價銀 20.47 元。該路多係丘陵地帶。

（二）南潯鐵路的修建

南潯鐵路是江西近代商辦的另一條鐵路，也是江西省境內的第一條客運鐵路。南潯鐵路始建於光緒三十二年（1906 年）冬，是江西省地方商辦鐵路，一九一六年六月全線建成通車運營。線路縱貫江西北部，北起九江、南止南昌對岸牛行，經九江、德安、永修、新建四縣，全長一百二十八點三五公里。南潯鐵路的建設過程甚為複雜，它反映了江西近代企業創辦的艱難。它大體經歷了如下幾個發展階段：

第一階段：招募股份，官督商辦。

清朝末年，鐵路的作用已被朝野上下所共識。一九〇三年，清政府成立商部。是年冬頒發《鐵路簡明章程》，向民間資本開放路權。各省愛國人士紛紛創辦各省鐵路公司。

一九〇四年十月，以江西京官李盛鐸為首的一百一十一名江西籍京官聯名向清政府商部呈請「為維持地方、自保利權起見，創辦鐵路」「自行籌款，修築本省境內鐵路」，[107]得到清政府批

107 《江西全省鐵路總局開辦簡明章程》。

准設江西鐵路總公司，招集商股創辦全省鐵路，以「自保利權、杜絕列強覬覦」。

一九〇五年，總辦李有棻訂立《江西通省鐵路開辦簡明章程》，擬定了招股辦法。由李盛鐸等呈商部批准。計劃全省鐵路修建：南北幹線一條，從九江至南昌，為幹路第一段，次由南昌以達吉安第二段，由吉安以達贛南接廣東鐵路為第三段；擬修支線三條，由省城一經廣信（上饒）至浙江邊界，一經撫州至福建邊界，一達萍鄉以接萍醴鐵路，名曰「江西三支路」。規定贛境內除築成的萍醴鐵路外，如有應增應接鐵路，概由江西鐵路公司經理修築，他公司不得干預。「章程」規定：「惟此次奏定系由本省自行籌辦，專集華股，以防利權外溢。」並稱：「本公司議定以庫平紋銀百兩為一股，合計全省幹線約需銀二千餘萬兩。今先築南潯一段，擬集五萬股，應盡本省官紳商民先行購買。」

一九〇六年五月，續訂《招股簡章》，改銀兩為銀元，又分整股、零股、紅股、優先股等。每百元作一整股，零股每十元為一股。招至一千銀元者另送紅股一股（銀元 50 元），給紅股票。是年十月更定五元為小股。一九〇九年，鐵路公司股東大會修改招股章程，改定五元為一股。

鐵路公司開辦以來招得的股本種類主要是公股（官股）和商股。商股中有集股、貨股區分。集股方法分為招股、派股、勸股等。

公股：一九〇四年底，為籌辦全省鐵路，江西士紳呈請兩江總督端方、贛巡撫夏時，奏准將全省淮引食鹽每斤加價四文，一年可得洋二十餘萬元作修築鐵路經費，蒙獲允准。計自一九〇五

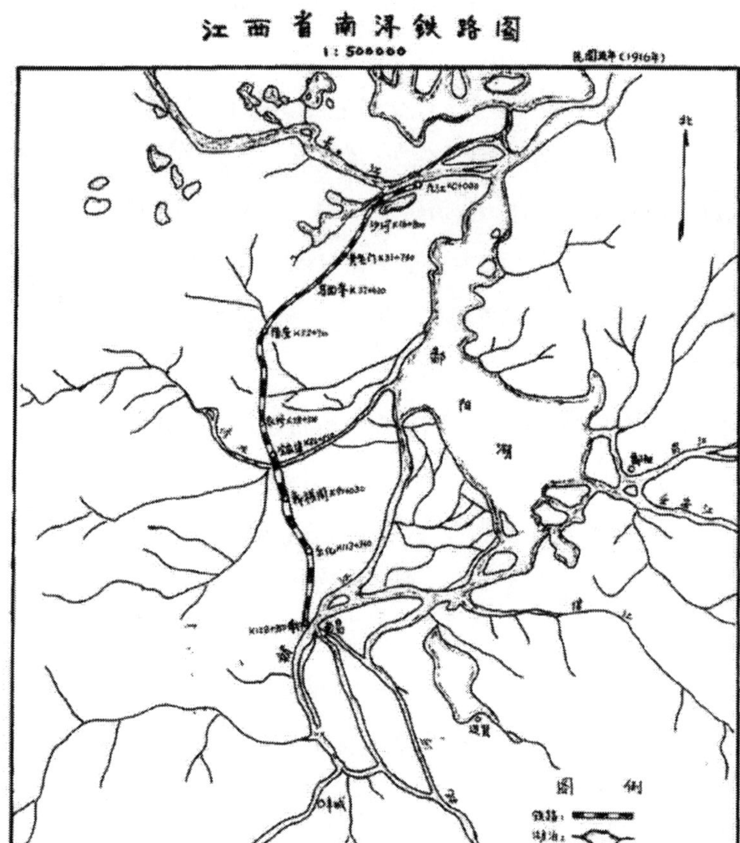

・南潯鐵路

年八月至次年七月停辦引鹽加價時止，果然收到銀兩折洋二十萬元。這二十萬元全部充作官股。股票八張，南昌、吉安、九江、饒州、袁州、臨江、瑞州、南康八府，各府各一張。以上各府為淮鹽引地，撫州府本屬範圍之內，因是年停運淮鹽遂未抽收。

商股：一九〇六年四月，九江紳士稟請馳禁輪運，抽收米股以充開闢商埠經費，鐵路公司力爭此款作商股充修築鐵路經費。督、撫兩院准允開辦湖口、九江路股局。從當年十一月起至一九一六年共收股款一百一十萬元，從一九一六年至一九二四年，龍開河、湖口路股局共收股款一百〇七萬元。

招股：所謂招股就是派人赴京、滬、湘、鄂、寧、皖等處招募股本，「嗣因招股日久無功，逐專重派股」。一九〇五年七月，總辦李有棻派定「本省各府屬招股」。繼而又設立駐外省招股經理處。是年十月，有棻偕陳三立等赴漢口招股。因是時各省均要自辦鐵路，江西鐵路公司在外省招股日久無功，遂專重派股。合計駐各省招股經理處招得股款十點〇四萬元。

派股：所謂派股就是「擬定各縣股份數目」，由「各州縣派認股本」。一九〇五年六月，公司擬定各縣分數目攤派，由撫院請飭屬會督促各紳認足股額。一九〇八年各縣派定的股數計391400股，實收股銀23.6389萬元。

勸股：所謂勸股就是開辦勸股員演說練習所，學員畢業後分赴各縣演說勸股。一九〇八年六月，龍鍾洢等商議設鐵路勸股會，是年十二月成立勸股大會，鐘洢為會長，稟請巡撫立案。巡撫批令與鐵路公司坐辦總理劉景熙共同商議，以免流弊。因派股、勸股同時並行，相互妨礙，劉景熙以派股發起在先，各縣均已認定，婉語勸卻鐘洢停止勸股。

此外，非經招募及勸而自由投資入股者，從一九〇六年至一九〇八年止，共收洋25萬元；以地價入股者，共值洋11.830萬元；又從外省及本省招募及貨捐等入股者，從一九〇四年十二月開辦起至一九一五年止，共收洋 176.6 萬元，由股票課填發股票。

第二階段：日本資金的滲入。

日本實施了「分人士、亡人國」的對華鐵路戰略，雖連遭江墅、閩潮等路的失敗，但並未就此罷手。一九〇七年南潯鐵路借款的成立，成為日本對華政策實施的第一案例。

南潯鐵路資金困難的情況很快被日本人所利用。一九〇六年夏秋之際，江西鐵路總公司駐滬招股經理處經江西駐滬商會介紹，與上海華商大成工商會社接觸。上海大成工商會社經理吳端伯，是一個與日本頗有關係的人物。吳端伯表示願意投資入股江西鐵路。雙方磋商後，於一九〇七年一月二十三日，江西鐵路總公司與大成工商會社在滬正式簽訂「合約」十款。「合約」規定：

「上海華商大股工商會社總理吳端伯，願入江西鐵路股本一百萬兩，江西鐵路總公司即給股票二十七萬七千七百七十股。」「江西鐵路總公司每年給息七釐，華六月、十二月份兩期在上海江西鐵路分局交付，每期付上海規銀三萬五千兩整。倘延擱不付股息時，仍需按月照給毛利七釐。」

此項「股票」，鵲為借款性質。「合約」第二款規定：「此項股票，江西全省鐵路總公司允准，自購票之日起扣足十年，江西鐵路總公司規銀一百萬兩繳還吳端伯，決無異議。」

江西鐵路總公司「開辦章程」中規定：江西鐵路「專集華股，以防利權外溢」，所以，此項「合約」特意寫明：「上海華商大成工商會社總理吳端伯確係中國江蘇省上海縣民籍。」

但是，此項合約，實際以為日方染指預留地步。「合約」規定，此項股票可以「抵押於人」，但無明確規定不可抵押於外國人，只是規定不得出賣給外國人：

「如吳端伯於十年期內以此項股票抵押與人，押期屆滿十年，該受抵押此項股票之人，亦可向江西全省鐵路總公司討取股本股息，江西全省鐵路總公司應將承認照每股原價規銀三兩六錢贖回。」「但不得轉售外國人，如外國人購去，作為廢紙。」

此項以股票形式的借款，亦按借款通例，實現規定抵押：「江西鐵路銀行未開辦以前，由江西全省鐵路總公司指定江西商會經辦之江西全省米捐、鹽捐作抵本息。以上各捐，不能移抵別用。如米捐、鹽捐或有更動不敷，准以別項貨捐作抵。」

此項「合約」的雙方簽押人，債務方除「江西全省鐵路總公司總辦李有棻外，尚有江西商會總董及商董多人」；債權方為「上海大成工商會[108]社經理吳端伯」。

但是，這個江蘇上海縣的吳端伯，實際並無此「規銀一百萬兩」的資金。吳端伯的資金實借於日本興業銀行。一九〇七年三月三十日，吳端伯與江西全省鐵路總公司簽約大約兩個月後，接著又與日本興業銀行簽訂了「日本興業銀漢與大成工商會社關於江西鐵路公司借款契約」十二條。其第一條規定：

「大成工商會社應貸予江西全省鐵路總公司之上海規銀一百

108 交通史編撰委員會：《交通史路政編》，1935 年版，第 16 冊，第 891-893 頁。

萬兩，訂於明治四十年四月二日（即 1907 年 4 月 12 日），在上海由日本興業銀行付給大成工商會社。」

日本興業銀行給大成工商會社的這筆借款期限，與吳端伯給江西鐵路的股款同樣，都是「實是十年期滿」。不同的是，吳端伯付給日本興業銀行的年利為六釐，其中一釐利差，應為吳端伯充分實際中介的收益，不過此一釐利差須先存上海橫濱正金銀行，在扣算金銀實價波動後，如有餘額再付與吳端伯。

以此種方式獲取一釐息差好處的上海縣人吳端伯，按「契約」規定，須對日本興業銀行承擔以下「責任義務」：

第一，充當日本興業銀行的坐探和偵察。「大成工商會所對與江西全省鐵路總公司有無將其資產另行抵押，或時常出賣，或另行借款之事，進行周密偵察。」如發覺由上述情況，「應一面採取阻止辦法，一面通知日本興業銀行，互相開誠商議，再與江西全省鐵路總公司理論」。如江西全省鐵路總公司「尚有與他人接洽借款情事，大成工商會社應及時通知日本興業銀行，並協助爭取利益」。

第二，所有相關契約原件交日本興業銀行收管。「大成工商會社與江西全省鐵路總公司訂立之契約原件，在借款本利償清之前，自應交由日本興業銀行收執；為預防損失計，大成工商會社根據契約原件取得之一切權力亦應委託日本興業銀行行使之。」這一規定，明確了日本興業銀行的債權地位，成為日方控制南潯鐵路的一項依據。

第三，所有相關擔保權利轉歸日本興業銀行。「大成工商會社自江西全省鐵路總公司作為本利金之擔保而取得之江西商會經辦江西省內米捐、鹽捐及其他貨捐權利，一概提交日本興業銀行。」

第四，所有相關「股票」公開轉押日本興業銀行。江西全省鐵路總公司吳端伯股票總計二七七七七七七股，「應轉交日本興業銀行以為抵押；又，大成工商會社應將該項股份業已轉交日本興業銀行充當抵押一節，通知江西全省鐵路總公司，並取得其書面承認，轉交日本興業銀行以供異日憑證。」[109]

吳端伯與日本興業銀行所訂以上條款不僅使日本興業銀行成為南潯鐵路事實上的債權人，而且為日本進一步全面染指鐵路打下了基礎。

要求江西全省鐵路總公司「書面承認」股票轉交日本興業銀行抵押一事，至少說明日方在當時並不認為需要完全祕密進行此事。根據此項要求，一九〇七年三月五日，李有棻致函吳端伯：「得悉前交尊處之股票將抵押與興業銀行。股票背後，業經加注，為此特具公函前來。」李有棻系資深官僚，應當知道此舉當時風險甚大。其實日方亦清楚：「抵押股票與外國人，本系清國法令及公司章程所禁止者。」但李有棻出此下策，是有籌募股金嚴重困難的不得已的苦衷。李有棻於一九〇七年冬去世，第二年由劉裔祺接任總理。一九〇八年六月四日，日本外務省大臣林董在致其駐滬總領事的訓令中寫道：「疇昔江西鐵路借款祕密暴

109 宓汝成編：《中國近代鐵路史資料》，第 3 冊，1963 年版，第 975-976 頁。

露，清國當事人等陷於極端困窘之地。興我方有打消等等之舉，方得彌縫於一時。」同一訓令還提到「一時有欲請我國借款之勢」[110]。由此可知，日本興業銀行即使以曲折轉貸方式向江西鐵路滲透，在當時亦非不受抵制，這一情況使日本的後來行動更為詭秘。

但無論如何，日資規銀一百萬兩進入南潯鐵路，畢竟是日本政府多年處心積慮取得的一項「成果」，尤其是這筆款項亦非興業銀行的商業資本，而實際是日本政府資金，其政治性質就更為突出。一九〇七年五月十日，林董在致函其德國駐華公使林權助時寫道：「（江西）鐵路系帝國政府多年想望之南清鐵路事業組成部分之一，故迅即與日本興業銀行協議，擬令該行承攬其借款，奈該行終無承攬此事之財力，結果決定有該出名由政府出資。」因此，當時日本政界對南潯鐵路一事所發出的種種露骨的政治叫囂，實在不應輕易忘記。

一九〇八年四月，日本駐漢口領事高橋橘太郎致林權助報告附件稱：「我國償要求自福建經南昌以達漢口之鐵路敷設權」，「此項權利他日確定落入我手時，九江南昌線當為其一部分，故上述我方……對九江南昌縣之措施，可謂頗得機宜」。

同年十月二十日，高橋橘太郎在致日本外務省大臣報告中寫道：「據本卑見，我國對江西鐵路傾注全力之必要。」「我國目

110 宓汝成編：《中國近代鐵路史資料》，第 3 冊，1963 年版，第 977-978 頁。

前經濟情況，對於粵漢川等之大鐵路，並無進行投資之餘力，然如江西鐵路中的南潯線，僅七百萬元左右已足，且完成後可以獨立維持。又，掌握此路，將來足可以扼江西其餘各線之咽喉。」

一九〇九年十二月八日，日本駐漢口領事渡邊省三致小村報告附件稱：江西「與疇昔帝國約定不得割讓之福建相連接，一衣帶水之間，隔福建而通臺灣新領土，廣袤七萬里之沃野，尚未開發之富源頗多，洵極其適於我國利權之一大疆域。由此觀之，帝國必須遠矚大局，一度思及江西全省。以經營鐵路為序幕，而且開遠大計劃」。[111]

就在這個以「鐵路為序幕」，「分人土，亡人國」的日本帝國遠大計劃陰影之下，南潯鐵路於一九〇八年三月在九江開工興築。此前一年，南潯鐵路已改聘日本人崗崎平三郎為工程師，對全程進行分段實測；日本大倉洋行呈報施工。按曾鯤化的記述，南潯線首段九江至德安段，一九〇七年三月興工，一九一一年五月竣工，第二年五月通車。德安至徐家埠段，一九一〇年六月興工；徐家埠至南昌段，一九一二年十二月興工。南潯全路於「民國四年（1915 年）冬通車至南昌，歷時四年十個月完成」。全路九站，總長「凡一二八公里一四四，岔道一〇公里六一，共延長一三八公里七五四，均單軌」。[112]

111 宓汝成編：《中國近代鐵路史資料》，第 3 冊，1963 年版，第 977-982 頁。

112 曾鯤化：《中國鐵路史》，1942 年刊，第 880-881 頁。

一九一三年，借日本東亞興會社日幣 500 萬元，除還清吳端伯規銀百萬兩外，繼續南段工程，旋又款盡，一九一四年又繼借日款 250 萬元，一九二二年又借日款 250 萬元，共計借日款 1000 萬元。一九一六年前已付日本借款利息 150 萬元，從一九一六年至一九二四年底，又付 705.32 萬元。一九三八年夏，南潯鐵路路權終淪入日本人之手。

第三階段：勘測設計。

一九〇四年十二月，南潯鐵路開辦，先擇路線。李有棻始定老馬渡為九江車站，經過東林太平宮一帶，所擇線均系通省大道。次年英國工程師羅德瑪認為李有棻所選擇的路線較長，「且距長江過遠，不足以資水陸聯貫」，遂改定龍開河賓興洲附近為車埠，設站，並履勘全線。一九〇五年初測，駐滬坐辦熊元鍔訂立合同聘英人羅德瑪為正工程師，丹麥人朴魯生為副工程師，並翻譯陳持工等到南昌。五月設勘路局，開始勘測，隨帶文武彈壓醫士支應勇丁等沿途保護。由新建沙井出發，向九江前進。八月初勘完竣。九月添聘副工程師英人麥可得，進行復勘，次年二月竣事。一九〇七年一月在龍開河舉行開工啟土典禮。因借日款，按借款條約改聘日本工程師。一九〇八年三月，岡崎平三郎為正工程師，攜帶技師田中啟次郎、伊藤忠治等二十三人作大規模預測。將全線分為三大段：九江——德安為一大段，德安——山下渡為二大段，山下渡——南昌為三大段。均於當年十一月預測完竣。預測完畢後進行實測。第一大段測量、施工設計同時進行，一九〇九年五月，實測邊樁告竣，即接第二大段實測，並開始墊道、橋樑工程。一九一〇年冬，賽湖橋圮，岡崎等去職，又以建築費絀，致使工程停頓。辛亥光復後，公司總理劉景熙回籍協理趙世喧，兼建築所長，對第二、第三大段積極進行復工，由屠慰曾、鄧益光、孫慶澤、唐在賢等分任其事。一九一三年六月，全線實測告成。該路設計標準：軌距 1435 毫米，限制坡度 10%。最小曲線半徑 402 米（實際有 220 米）；橋樑載重 E-40 級，僅楊柳津橋樑 E-35 級。路基標高設計過低，最低處低於最高洪水位 0.54 米，橋涵孔徑偏小，鐵路建成後，九江至沙河街、德安、永修（現為楊家嶺站）至涂家埠、瀛上河附近多次發生洪水災害，鐵路沖毀、中斷行車，對運輸妨礙極大。

開辦時初設五段勘路購地分局，不久改為新建、建昌（永修）、德安、德化（九江）四縣購地分局。派文廷楷總理其事。一九〇八年九江境內基地購畢，移購地課於德安。宣統元年復移建昌。一九一五年遷至南昌牛行，次第購畢。文契均印就填寫契價及葬費，業戶用領狀保結。計全線線路、車站共購地 8812.9 畝，價額銀色不一，一九一五年遵照部章概改銀元，合地價 31.1128 萬元。一九二一年添購九江車站地 7.1 畝，價 250 元。是年統計，九江至南昌線路用地 6409.7 畝，建築車站等占地 1360.5 畝，餘地 1111.1 畝，合計 8880.3 畝。

第四階段：工程施工。

岡崎任職時，其計劃為逐段漸進修築，故多致力於第一段。一九〇八年五月，九江一德安段五十三公里全面動工，一九〇九年五月，土石方完成，鋪軌從九江站外開始向南漸進，至一九一一年五月，通車德安，售票營業。一九一三年癸丑軍興，沿途作戰，材料損失，款盡工停，是年冬，徐文泂為領袖工程司，續借日幣兩百五十萬元，繼續施工，隨將第四、五段土方橋工及鋪軌各工程次第完成，九江車站也於是時落成。因急就通車，四、五段內橋樑均系木質。南潯路山少水多，工程以橋樑涵洞為多，共計 129 座。山下渡第九十號橋工程最大，居修水下游，寬 1260 英尺，分為七孔，開始用木質，後換裝鋼樑。一九一五年十一月第二段、第三段均竣工通車。一九一六年六月六日，山下渡木橋完成，從九江至牛行始正式通車。共計正線 128.35 公里，站線 79 股共長 17.30 公里，合計總延長 145.73 公里，無支線，全路設九江、沙河、黃老門、馬回嶺、德安、永修、涂家埠、新祺周、樂化、南昌十站。牛行與南昌中隔贛江，用小輪拖渡，另於省垣章江門外設過渡所，專運旅客。

全路鐵橋 86 座，共長 1430 米，價銀元 229.1146 萬元，平均每米合銀元 1602.18 元。全路共有拱橋、涵洞 43 座，共長 96 米，價銀元 12.3596 萬元，每米平均合 1287 元。水管 345 列，共價 6635 元，平均每列合 19.23 元。

南潯鐵路總共 128.35 公里，先後耗時十年。南潯鐵路的建成，標誌著江西新興工業向前邁進了一大步。

三　公路興築

江西近代公路較之航運、鐵路興起較晚，二十世紀初起才出現端倪。最早修建的公路就是九江至蓮花洞的公路。當時由於中外人士上下廬山的日益增多，山上的商業與服務業也隨之發展。從九江至蓮花洞雖有古驛道，但畢竟不太方便。為了更有利於廬山的開發，清末宣統元年（西元 1909 年），兩江總督張人駿與江西巡撫馮汝騤商量，決定撥銀五萬兩，修築九江至蓮花洞的公路。一年後，公路完工，從九江市，經女兒街（即人民路）、十里鋪、妙智到蓮花洞新街，全長十一公里。本擬再往前修到廬山山腳（蓮花洞老街），因新街石門阻路，當地百姓不同意公路穿街而過，公路不得不以此為終點。這就是江西省出現的第一條公路。

第四節 ▶ 財政赤字與財政制度改革

一　晚清江西的財政赤字

鴉片戰爭後，中國逐步淪為半殖民地半封建社會。江西財政大量支出用於鎮壓人民的反抗鬥爭和承擔朝廷分配的對外賠款任務。為滿足不斷增長的財政需要，因而不顧人民疾苦，增加各種籌款。但終因支出膨脹，致使財政由略有結餘到連年赤字。

（一）軍事開支的大幅增加

太平軍在江西活動頻繁，清廷為了鎮壓在江西活動的太平軍，向江西派遣大量的軍隊。在江西作戰的軍隊主要有外派軍和本省駐軍構成。外派軍是從兩湖以及雲、貴、川等省調來各路兵馬。本省軍由原駐軍構成，後軍隊不夠用，於是又命令地方大辦團練。一時間，大量兵丁聚集江西，致使江西農民所負擔的軍需糧餉驟然增加。

進入江西參加「圍剿」太平軍的官軍，主要是湖南曾國藩統率的湘軍和由江忠源率領的楚軍。前後有曾國藩部羅澤南、李續賓所統陸軍 5800 多人，江忠源部楚軍 6200 人，羅澤南、夏廷越部湘勇 2500 人。據統計咸豐四年（1854 年）十一月曾國藩和塔齊布統軍 20000 人，水陸並進，自岳州而下，克復武昌、漢陽、漢口，由楚入吳，進入江西。咸豐五年（1855 年），進人江西鎮壓太平軍的胡林翼等部鄂軍約有 6000 人。分駐於江西各府州的兵勇也有 50000 餘人。粗略統計，為鎮壓太平軍而進入江西的清軍和湘軍、楚勇約 100000 人左右。[113]

江西本省招募的團練兵勇和原駐省官軍的數目，估計超過萬人，但無確切的統計數字可查。李濱在《中興別記》稱，江西練兵「通省約萬五六千名」，這是不準確的。我們可以查閱同治年間江西各府縣志的記載，便略知一二。例如樂平縣辦有 84 所團練局。咸豐八年（1858 年）春，僅東南北三鄉一次出動的團丁就有 17000 餘人。又如建昌縣（今修水），全縣有 70 餘團，其中練勇千餘，團勇數萬人。[114]

清王朝在江西的兵力，無論是本埠官兵還是湘軍、楚勇亦或府縣團練，其軍需糧餉均要徵取於江西本省。官軍的糧餉銀兩主要來自於清廷的調撥，其中重要組成部分便是江西上交的地丁漕銀兩，不足部分還仰給於「協銀」，即從外省撥調。例如，咸豐四年（1854 年）十一月，曾國藩奏請，「飭令陝西省撥解軍餉二

113 陳榮華等著：《江西經濟史》，江西人民出版社 2004 年版，第 441 頁。
114 同治《建昌縣志》卷五《武事．紀咸豐間團練始末》。

十四萬兩……除解之外，尚欠解銀十二萬兩，請飭江西先行借撥」。咸豐五年（1855 年）十一月，曾國藩又奏，「飭浙江補解餉銀，但浙江已無款可籌，於是從江西糟項每月撥銀三萬兩，就近接濟數月」。[115]曾國藩於咸豐六年（1856 年）十二月，要求清廷「飭令山西、陝西，迅速將每月各協二萬兩，解至九江，專濟此軍之用」。

至於團練的糧餉，均來自於向當地農民商民攤派勒索（或商民捐贈或按田畝攤派）。一些同治江西府縣志曾記載：

新余縣從咸豐三年開辦團練，十五歲到六十歲的人均要入冊，作為團丁，經費按田地派捐，「每正糧一兩，派捐制錢三百文，歸於團總，團佐」。[116]安遠縣「自咸豐四年以來，各坊堡團練鄉勇及請潮勇、三標勇，或戰或守，所費軍需口糧數十萬，始則富戶捐輸，繼則按畝抽谷，繼又自備口糧，十餘年貧富交困，民不聊生」。[117]宜春縣辦團練自咸豐三年到十一年，所費口糧器械銀共十六萬餘兩，「俱係各鄉紳民自行捐輸」。[118]武寧縣從咸豐四年開辦團練，「團練出力，為江西州縣之冠」，團練局「論定戶解米，攤費錢三千文，以資勇糧」。[119]德安縣從咸豐三年開辦，到十一年，分東西南三鄉，共三十團。「制辦軍服，支應口

115 邵鴻等編：《清實錄江西資料彙編》，江西人民出版社 2005 年版，第 763 頁。
116 同治《新余縣志》卷六《武事》。
117 同治《安遠縣志》卷五《武事》。
118 同治《宜春縣志》卷五《武事》。
119 同治《武寧縣志》卷一九《武事》。

糧等項，共用去一十三萬一千七百一十九兩三錢五分六釐，均係出自捐輸」[120]湖口縣從咸豐八年開團練，分五團，「除捐楚軍凱右營軍餉二萬，本地練費實用捐銀七萬兩千八百二十兩」。[121]

南昌縣梓溪鎮舉人鄒樹榮（1820-1902 年），是當地一個既仇恨太平軍又不滿清廷官吏苛勒軍餉的地主，他在《藹青詩草・梓溪局》紀事詩中說：「中州練勇三百人，統領者誰劉於潯，藉以自衛非衛民。大小司寇寄眷屬，避賊依人梓溪局，大吏鄉宦聲氣通，原藉劉君為耳目。鄉愚乘賊操干戈，城中聞信喚奈何；命官傳令辦土匪，劉君一手持太阿。先後告發多處斬，鄉民從此起風波。其後奉命寫軍餉，借官勒索誰敢抗，急如星火急如雷，吾也協銀三十兩，意思強悍語言狂，專持傳票字一張，逼之至局索輸將，否則治罪押班房（梓溪祠堂內有班房有牢，明文端公時所以治族中不法之子弟也。今之富戶有不速捐者或捐不多者，即飭練勇傳此等人坐此，永不釋放，押入班房。以故鄉里富戶言若干數即捐若干數，苦甚）。更甚縣令征漕糧，嗚呼此舉誠非良。」[122]

故而，咸豐初年至同治三年（1851-1864 年），清朝廷集中兵力鎮壓太平天國革命。因此，「自咸豐二年辦理防剿，至太平天國結束的十多年間，用餉數千萬之多」。[123]所載，自咸豐二年

120 同治《德安縣志》卷七《武事》。
121 同治《戶口縣志》卷五《軍務始末》。
122 杜德鳳：《太平軍在江西史料》，江西人民出版社 1988 年版，第 477 頁。
123 劉坤《遺集奏疏》卷三第 102 頁，同治五年十一月二十七日奏。

（1852 年）至同治六年（1867 年）十二月，江西用於鎮壓太平軍的軍費支出有六項：[124]

（1）江西省軍需（咸豐二年至同治六年十二月）銀 1841.48 萬兩；

（2）江西省軍需第一案內第二起（咸豐三年五月至十二月）銀 294.1 萬兩；

（3）江西解撥向榮大營軍餉（咸豐三年五月至十二月）銀 55.75 萬兩；

（4）江西協解江南大營及徽寧兩防軍餉（咸豐十年五月至同治三年六月）銀 747 萬兩；

（5）江西省軍需第二案（咸豐十年至同治三年六月）銀 1082.84 萬兩；

（6）江西協解彭玉麟水師軍餉（咸豐十年五月至同治三年六月）銀 212 萬兩。

以上軍餉奏銷共計銀 4233.17 萬兩，相當於江西全省二十餘年的地丁銀數，是各省奏銷中軍需支出最多的省。這個數字與劉坤一奏「用餉數千萬之多」是相符合的。

（二）承擔朝廷外債和戰爭賠款

甲午戰敗，清廷為償還日本戰爭賠償，向俄法等國大量借款，為還貸，清廷分攤債務給各省，江西每年攤派銀二十四萬

124 彭澤益：《十九世紀後半期的中國財政與經濟》，人民出版社 1983 年版。

兩。光緒二十五年（1899 年）因佛郎鎊價昂貴，原撥銀數不敷，自光緒二十六年（1900 年）起，未償還俄、法等借款每年加撥六萬兩。據統計，光緒二十二年至二十六年（1896-1900 年），江西承擔清朝廷歸還俄、法借款共計銀 126 萬兩。一九〇〇年，八國聯軍攻占北京，強迫清朝廷於次年訂立「辛丑條約」。其中規定付給各國「償款」海關銀 45000 萬兩，年息四釐，分三十九年還清。本息共計 98223.8 萬餘兩。這筆賠款通稱「庚子賠款」。一九〇一年十月，戶部分派江西每年承擔「庚子賠款」銀 140 萬兩，規定從一九〇二年起，每年分十二批每批上解 116666.67 兩。至一九一〇年止九年共計已上繳銀 1260 萬兩。一九〇三年起，江西每年承攤「新案賠款」銀 13.6 萬兩，分四批上解，每批銀 3.4 萬兩，至一九一〇年仍繼續上解。八年共上解銀 108.8 萬兩。這些借款和賠款支出，使江西財政陷入絕境。

自道光二十一年起至光緒末年（1841-1908 年），一方面，財政收入衝破了過去按定額徵收的模式，使財政收入大幅度增加；另一方面，巨大的軍需開支和戰爭賠款，使財政支出以更大幅度膨脹。因此，全省財政以收抵支，由略有盈餘到連年赤字。財政狀況每況愈下。據珠（御）批奏摺所載，江西藩（省）庫存銀，道光二十年（1840 年）實存一百四十三萬餘兩，道光二十一年（1841 年）實存 26.43 萬兩，道光二十二年實存 36.34 萬兩，道光二十三年實存 33.88 萬兩。這些銀兩後陸續給雲南、湖北、河南、江蘇等省作協餉之用。道光二十四年至二十九年（1844-1849 年）藩庫無餘存。道光三十年（1850 年）餘銀一千四百兩。此後均未見藩庫有餘存的記載。另據《光緒十年歲入歲出度支簡明數目及舊有新增各省軍餉數目冊》載，光緒十年（1884 年），江西全省入銀六百八十二萬兩，出銀七百一十萬兩，以入抵出不敷銀二十八萬兩。人銀中地丁雜稅按應人數一般只能收上七成，如除去這欠繳的三成，全省以人抵出實不敷銀八十九萬兩。光緒三十四年（1908 年），度支部委派財政監理官清理江西財政。據《度支部奏調查各省歲出入款項總數合併單》載。江西全省歲入銀 756.99 萬兩，歲出銀 789.52 萬兩，與光緒十年比較，收入增長 11%，支出增長 11.1%，以收抵支，仍不敷銀 32.53 萬兩。

・光緒十年歲入歲出度支簡明數目及舊有新增各省軍餉數目

歲入		歲出			
項目	銀兩	項目	銀兩	項目	銀兩
地丁雜稅額征	2041600	京餉	750000	江督造銀等銀	50000
耗羨額征	180000	邊防經費	310000	彭玉麟防餉	20000
常稅款征正額盈餘	623000	兵餉	925100	固本餉	65000
華陽稅應征	843700	存留俸工銀	404800	西征餉	845000
厘金應征	1331900	本關經費火耗等銀	164000	雲南餉	26000
漕折漕項額征	1802100	出使經費	67000	王德榜餉	260000
		雲南省俸餉	10000	江南餉	42000

		內務府經費	150000	貴州餉	182000
		部庫銀	1345000	伊犁餉	130000
		烏科二城銀	19000	廣西防餉	85000
		本省防練各餉銀	723000	南北洋及江蘇銀	300000
		養廉等款	179000	塔城餉	20000
		山東河工銀	30000		
合計	6822300	合計	7101900		

資料來源：據《光緒十年歲入歲出支簡明數目及舊有新增各省軍餉數目冊》整理，分項數照列，收入合計數比原冊數銀 610 擔 23 兩多 72 萬兩。

二　解決財政赤字的平衡舉措

(一) 地賦丁銀改折多收

地賦為土地稅，丁銀則為人頭稅。地丁稅中的徵糧部分即漕糧。清初，雍正五年（1727 年）丁銀撥入地畝屯糧充納，每年均攤一次，即所謂「攤丁入畝」。在清乾隆三十一年（1766 年）時，全國賦銀為 2991 多萬兩、漕糧為 831 萬石；嘉慶十七年（1812 年）時，全國賦銀為 328 多萬兩，漕糧為 435 萬餘石。

江西每年徵收多少，自一八四〇年後方可查證。在道光二十年（1840 年）以後，江西應徵實徵之額為 224 萬餘兩。道光二十一年（1841 年）實徵 229 萬兩，道光二十五年（1845 年）實徵 223 萬兩，道光二十九年（1849 年）實徵 216 萬餘兩。一八四〇至一八五二年的十二年間，此項徵收，沒有太大變化，維持在兩百左右。如此重的地丁和漕銀，在太平軍入贛之前，經常發生抗漕鬥爭。如一八四八年，廣信府各縣「相繼以漕事譁，貴溪尤甚」。[125]一八五二年，「江西泰和縣棍徒，於該縣開徵漕糧時聚眾滋事」。[126]

但是，從咸豐三年（1853 年）開始，因太平軍西征占領九江時，停泊在湖口以下的四百六十九艘漕船被燒燬，省倉、縣倉亦陸續毀於兵焚，從此經大運河北上的漕運停止。於是，清政府收取政策改變，漕糧改為每漕米一石（相當於一百二十市斤），折銀一兩三錢解部，徵收浮數因此倍增。這些銀兩不但充當清軍在江西境內外鎮壓太平軍所需軍餉，就安徽、江蘇境內清軍的糧餉也大部分取於此。清人李濱有言：「蓋江西漕折、關稅、鹽金三者，國藩倚為餉源」。

而後數年，清政府不斷調整漕糧。同治元年（1862 年），兩江總督曾國藩、江西巡撫沈葆楨獲准整頓錢糧：「將丁漕兩項，一律折收制錢，由官銀解兌，每地丁銀一兩，連加一耗羨，折收足錢二千四百文；漕米一石，折收足錢三千文。解部外，余悉留充本省及各州縣辦公之費。其後銀價漸昂，以錢易銀，不敷肢解。」[127]至同治七年（1869 年），時任江西巡撫的劉坤一奏准，

125 閔而昌：《碑傳集補》卷一六。
126 《清咸豐實錄》卷八〇。
127 冰冰：《江西田賦問題．田賦之沿革》，《江西地方文獻彙編初稿》。

每米一石，改收銀一兩九錢，仍以一兩三錢解部，二錢七分提充本省捐稅公費，其餘均由各州縣留支。至光緒年間，為籌解賠款以及籌辦「新政」，需款浩繁，「計臣以籌款為能事，雖加賦亦不避矣」。據劉坤一奏報，江西的丁漕數額「三倍於湖南、湖北」。對此，清朝統治者也承認：江西負擔沉重，「遠出他省……民生之困，由於徵收丁漕浮數太甚也」。[128]江西原規定地丁每兩徵錢兩千六百八十二文，漕米每石徵錢三千四百二十文，光緒二十二年（1896 年）奏准地丁每兩減一百文，漕米每石減一百四十文。光緒二十七年（1901 年），為籌集賠款資金，又向上奏准，地丁每兩加捐錢兩百文，漕米每石加捐錢三百文。每年約增收銀三十萬兩。同治四年（1865 年），江西巡撫孫長紱在「奏議」中談及漕糧的情況：「又有各屬尚有拖欠錢漕，議立加價限期。原為設法催科，第漫無限制，不免任意遞加，此民生之困由於徵收丁漕浮數太甚也。查州縣歲額捐攤，內除奏明派攤各款外，有由各上司派捐應用者，有各屬自行詳府分年捐攤歸款者，每縣每年或需銀萬餘兩，或需銀數千兩，此外尚有各項餽贈陋習，有刁衿劣監包攬完漕名曰包戶。」[129]時人鄒樹榮在他的紀事詩《藹青詩草》中說：「南昌漕米政本科，一石浮收兩石多，漕米茶米分外索，開倉旋閉勒折橫刁訛。……今年歲事更覺差，天災人禍相交加，秋收之日大霖雨，洪水泛漲民咨嗟。……官差四出催完

128 光緒《江西通志》卷二十六。
129 光緒《江西通志》卷八五《經政略・田賦》。

納，星火之急風雷狂。低者呈狀緩徵告，黠者冒瀆來公堂，買災賣災相朦蔽，丁差胥吏飽槖囊」。[130]

從上可知，晚清時期，江西人民的地賦丁銀負擔是極為沉重的，不僅在於漕糧賦本身徵收額的苛重，還在於定額之外的「浮收」、「勒折」。浮收、勒折，是江西田賦積弊病民之深的主要表現之一。它是由於「徵收方法不良，胥吏緣以為奸，田畝科則失實，賦額因之不均，或有田無糧，或則田多糧少，或沃土而負輕賦，或瘠地而負重徵，百弊重生，不勝枚舉」而造成的。其中，尤以「耗羨」最為病民。

耗羨，又稱「火耗」，本為州縣私加的一種賦稅，「清初屢為厲禁，然禁之而不能，則微示其意而為之限，限之而不能，乃明定其額為歸公」。江西耗羨數額明定為三十三萬餘兩，然實徵遠不止於此數。火耗徵收數額多寡，各州縣彼此不同，主要是看各地歷史的慣例，和官吏是否貪婪和貪黷胃口的大小而定。許多官吏因此於定額之外，重加苛派，或據為己有，或用於賄賂上司，以為晉階之本。因此，「火耗」成為貪官污吏「浮收」貪黷的一大手段，清晚期政治黑暗、官員腐敗的主要緣數之一。[131]

（二）濫徵釐金

釐金又稱釐稅，是清政府在鎮壓太平天國的過程中，為解決

130 杜德鳳：《太平軍在江西史料》，江西人民出版社 1988 年版，第 477 頁。

131 陳榮華等著：《江西經濟史》，江西人民出版社 2004 年版，第 438 頁。

軍需糧餉和地方籌辦團練經費問題而徵收的一種臨時性商業稅。釐金最初一般分行釐（活釐）和坐釐（板釐）。前者為通過稅，徵於轉運中的貨物，抽之於行商；後者為交易稅，在產地或銷地徵收，抽之於坐商。行釐一般是貨物在起運地徵收一次釐金後，在轉運途中又重複徵課，有所謂遇卡納稅及一起一驗或兩起兩驗的辦法。有些省則在貨物起運地及到達地各徵一次。坐釐有埠釐、門市月釐、鋪捐、落地釐等名稱，是對商店徵收的交易稅。此外，還有先捐後售的出產地釐金，如對絲、茶、土布在出產地所徵收的產地捐。如按商品分類，釐金以百貨釐為主要部分，徵課的範圍很廣，名目繁多。百貨釐之外，還有鹽釐、洋藥釐及土藥釐。鹽釐為鹽課以外兩徵稅，洋藥釐是對外國進口鴉片徵收關稅以外的釐金徵課；土藥釐是對本國自產鴉片的課釐。一八五三年始於江蘇江都縣。

江西設置釐金的時間較全國來講還是比較早的。有文獻記載：「江西之有捐釐，始於咸豐五年（1855 年）。其實，一八五四年曾國藩來江西后，就想開徵釐稅，」曾國藩督師江西，慮客兵不敷調遣，餉亦不繼，與巡撫陳啟邁就近募兵籌餉之法，劃河抽取釐金。「[132]時戶部奏請通行各省，按貨抽釐，以助軍餉。爰於南康涂家埠、廣信河口設卡試辦。六年，乃設總局。」「定法，綜計百貨而抽分之。凡貨值銀一兩，捐二分；值錢千，捐二十。逢卡抽收，不立定限。生賈則有門釐。」「屬賊蹤肆擾，敗軍中

132 民國《南昌縣志》卷五四《兵革》。

道劫行旅，紳商等願捐造飛划船，立安旅軍，以為保衛。更定抽分法，改首卡捐三，次卡捐而二止。凡捐釐五，以一養軍，四助餉。」[133]

咸豐六年（1856 年）設總局，釐定徵收章程，規定稅率為值百抽二，凡過水陸交通要道，商貨過往比較多的地方都有釐卡，逢卡完捐交稅。按清政府的規定，稅率為逢百抽一，但到了江西，稅率增為百分之二、百分之五。「更定抽分法，改首卡捐三，次卡捐二而止。凡捐釐五，以一養軍，四助餉」。咸豐十年（1870 年），曾國藩為了得到更多的軍餉，「奏以江西釐金餘數給軍，改總局為牙釐總局」，為此又重新規定稅率為值百抽十，遠遠超過清王朝規定的值百抽一的標準。每年征抽捐釐，據史料記載，「江西捐釐之初，歲人恆百數十萬」，也就是說年徵收釐稅銀八十餘萬兩至一百三十餘萬兩，相當於全省的地丁銀數量，鎮壓太平軍的軍餉「咸仰給於捐釐」。

一八六五年，清朝統治者在鎮壓太平天國運動以後，地方官一度撤除部分釐卡，但這項措施遭到戶部反對，戶部言「毋得裁減」，兵裁剛過，朝廷元氣未復，[134]只要求整頓，同治皇帝也認為若是裁掉釐卡，「經費將何所出」，令各省仍須悉心徵收。而且這樣一來不僅沒有撤銷釐金，而且繼續實行並擴大其徵收範

133 光緒《江西通志》卷八十七（榷稅．附捐釐始末）。

134 施由民著：《明清江西社會經濟》，江西人民出版社 2005 年版，第 191 頁。

圍，成為一種固定的稅收。釐卡抽稅的對象，也由最初的日用必需品擴大到進人流通領域的一切貨物。釐卡稅率水路增加到百分之十八，陸路增加到百分之十。途經各卡還要加抽。[135]「從贛州府運貨至南昌，須經十卡，應完二十九份有奇」。對應稅貨物的數量也憑空增加，因而實收稅率有時竟達三、四十分之多。「江西釐金之重，尤甲於天下。有百千錢之貨品，而釐局輒指為二、三百千之貨價，以多收稅額者。有他處已徵足額而此處又額外取盈者。嘗有攜一百零十千錢之貨物，而所納之釐稅乃至三百四十千文之多，言之駭聽」。[136]

從釐卡的處數來講，雖然幾經裁減，但是一八八〇年後，江西地方當局仍奏准設大卡六十五處，小卡九十四處，仍有一百五十九處之多，遠遠多於其他省份。地域遍及江西全省十三府七十餘縣。釐金徵收中的弊端愈演愈烈，以致「嘗有攜一百一十文錢之貨物，而所納之釐稅乃至三百四十文之多者」。[137]直至一八九四年，「就江西一省而論，多至七十餘處，商貨來往，各卡分成扣收，已不無借端抑勒之弊，而多一局即多一處之開銷，多一差即多一人之克削，以小民有限之脂膏，國家有定之帑項，顧令虛糜濫耗，徒飽官吏之私囊」。[138]時人憤而指出：「查釐卡完章，

135 陳榮華等著：《江西經濟史》江西人民出版社，2004 年版，第 443 頁。

136 《江西近代農業史資料》第一輯第 376 頁。

137 羅玉東：《中國釐金史》江西部分，轉引自萬振凡《江西近代農業生產關係與生產力》，載《江西社會科學》，1993 年第 6 期。

138 光緒《東華續錄》卷一二〇。

於初卡完三分，次卡完二分，第三卡完三分，第四卡完二分，名為百分之十，其實十分完足，經過下卡，仍次補抽，第一次補抽，按十分加二分，第二次補抽，按十二分又補抽二分。經若干卡，補若干次。如由贛州府運貨至江省（指南昌），應完二十九份有奇……故定章名為取十，其實乃取三十、四十。又況查驗不時，羈滯留難，無卡無之。」[139]再如由修水運茶至九江，每百斤先在當地捐銀一兩四錢，到姑塘完四錢，到海關完二兩四錢，共計釐稅四兩三錢；河口茶由河口至姑塘至九江出口，每百斤釐稅四兩一錢五分。其完釐金、關稅，與所售價格相比較，每百兩約抽二十五兩，達茶價的四分之一。因此，連外國人也驚嘆：「中國茶葉自出產之地，沿途經過關卡，至抵輪船裝載出口時，所完釐稅幾及市價百分之二十五。別國所產之茶，如印度、錫蘭等處者，稅釐全免。而華茶稅釐如此之重，遑論其減輕成本之法耶？」[140]一九〇四年，江西地方政府又對釐金做了調整，對某些大宗貨物實行「統捐」，即一次性收稅：「吉贛撫建兩河之木材，撫州、建昌、袁州、廣信、瑞州、寧都各府屬之夏布，樂平、餘干、彭澤三縣之土靛，景德鎮之瓷器，信豐縣之蘿蔔條，各處土產及外省運來之麻，福建所產之煙絲，一律次第改收統捐。」[141]

139 《江西商務說略》，《江西官報》丙午年（1906 年）第 27 期。

140 《光緒二十四年九江口華洋貿易情形論略》，轉引自彭澤益《中國近代手工業史資料》第二冊第 311 頁，中華書局 1962 年版。

141 陳榮華等編：《江西近代貿易史資料》，江西人民出版社 1985 年版，第 118 頁。

由此可見，釐卡的設置，導致釐稅濫徵且繁重，加之釐金中商稅完全出自華商而不涉及外商，故而此對農業、手工業的發展以及商民經濟生活的打擊非常沉重的，製瓷業、製茶葉、製紙業尤為嚴重！阻礙著土貨在市場上的流通，有利於外國洋貨的傾銷，從而加強了洋貨對土貨的競爭能力。殘酷的封建剝削與壓迫，是社會生產力發展的主要障礙。直至一九三一年，釐金方停止徵收。

釐金制度出現之初，不但可以代替當時因太平天國起義而處於癱瘓狀態的國內常關的職能，而且還使釐金局卡有隨戰區的變化「因地制宜」設置的靈活性，因而增加了清政府的稅收。

（三）漕糧改徵與鹽課附加

漕糧改徵：在清代，漕糧徵於各省，主要通過水運（海道或運河）船運輸送到北京，供朝廷和京城人口的和各路官兵俸餉之用。它分為正兌、改兌、白糧、改徵、折徵等幾種。

中國的封建王朝，向農戶徵收地租（官田）和向民間徵收田賦，在很長時期內，採取徵收實物的辦法。這些王朝又大都建都在西北和北方的城市，而附近地區所產的糧食，不能滿足京城的需要。因此，把其他地區徵收的糧食調運到京城，就成為一項重要的政治措施，為封建統治者所重視。在這種情況下，漕運在中國歷史上形成過一套較完整的制度，並有相應的一套管理系統。漕運用的船，叫做漕船。漕船載運的糧、米，叫做漕糧、漕米。駕駛漕船的軍隊和民工，叫做漕軍、漕丁和漕夫。

漕運設漕運總督總司，山東、河南、江蘇、安徽、江西、浙江、湖北、湖南八省漕務，各省設督糧道監察漕糧收儲及督押糧船。許多朝代都設專管漕運的官員，例如唐朝設置了轉運使，宋朝設置了發運使，元朝設了都漕司二使，明清兩代都設了漕運總督。從事漕運工作的漕丁、漕夫，有時多達十餘萬人。

按清廷規定，江西每年必須完徵的正兌正糧米麥絲等為三十五萬餘石、耗糧為十八萬餘石，改兌正糧為十五萬餘石、耗糧為八萬餘石。漕運糧食到京城或到河北通州的過程，是一個既十分繁雜麻煩又極為勞民傷財的過程，是清王朝的又一項病民劣政。漕運時存在著沿途的陋規、收買旗丁耗贈、運船遇險恤賞、守領借項延誤、糧船夾帶私鹽、計米徵穀等等弊端。其中對百姓的危害最主要有兩點：一是漕米折錢徵收，浮收倍增。例如，從咸豐三年（1853 年）開始，太平軍西征占領九江，四百六十九艘漕船被燒燬，省倉、縣倉亦陸續毀於兵焚，從此漕運停止。於是，漕糧改為每漕米一石（相當於一百二十市斤），折銀一兩三錢解部，徵收浮數因此倍增。同治元年（1862 年），兩江總督曾國藩、江西巡撫沈葆楨獲准整頓錢糧：「將丁漕兩項，一律折收制錢，由官銀解兌，每地丁銀一兩，連加一耗羨，折收足錢二千四百文；漕米一石，折收足錢三千文。解部外，余悉留充本省及各州縣辦公之費。其後銀價漸昂，以錢易銀，不敷肢解。」[142]劉坤一曾奏報，江西的丁漕數額「三倍於湖南、湖北」。對此，清朝統治者也承認：江西負擔沉重，「遠出他省……民生之困，由於徵收丁漕浮數太甚也」。[143]

二是漕糧改徵收米石為計米徵穀，又一次增加了收稅。然至

142 冰冰：《江西田賦問題．田賦之沿革》，《江西地方文獻彙編初稿》。
143 光緒《江西通志》卷二十六。

道光五年八月，有人以為「江西額漕計七十餘萬石有奇，距河距海均千餘里，而且地極卑濕，若仍徵本邑，恐來年停運，存貯易致徵支」，建議清廷「全數改徵穀石，如明春時常濟運，即飛飭各州縣趕緊礱碾上兌，如仍有阻滯，責成州縣變價銀錢，並解其穀石不及變價者，妥為存貯以待下次礱碾搭運」。[144]對此建議，清廷以為「漕糧徵收米石由來已久，今欲計米徵穀，恐不肖官吏以改折為名借端浮收，勢所不免……且徵收穀石，屆時始令動碾，勢必緩不濟急，且州縣各多此一番礱碾，夫工飯食又將藉口賠累，至所稱銀錢並納，必至抑勒紛擾」，於是沒有採納。但是，在實際上，不少官吏仍採取各種手段，例如用大秤大斗量進，從農民那裡搾取更多的穀石，而以小秤小斗量出，漕運交差，從中折勒中飽私囊。同時設立江西清賦局，整頓地丁和漕糧徵收制度，催收尾欠，堵塞漏洞。據光緒二十九年（1903 年）統計，年增收地丁銀十萬餘兩，增收漕米折銀九萬餘兩。以上各項籌款不包括丁漕，全省每年增收銀約一百二十萬兩。[145]

鹽課賦加：晚清中國產鹽的地區主要有長蘆、山東、兩淮、兩廣、福建、四川等幾十個地方。鹽課是清政府向鹽商強制性的徵收的各種鹽稅。分為場課、引課、雜項三大類，是清王朝國家財政之一大收入。此外，清代鹽商時常向清廷「捐贈」銀兩，賄賂皇室和內務府，目的就是為了鞏固自己的壟斷地位。這種捐贈

144 同治《江西通志・訓典》卷首之二。

145 陳榮華著：《江西經濟史》，江西人民出版社 2004 年版，第 439 頁。

被稱為「報效」，也是清政府的重要財政收入。

鹽務設鹽政為地方鹽務最高長官，由總督或巡撫兼任；下設督轉鹽運使司或鹽法道以及鹽務分司、鹽課司、批驗所、巡檢司各機構，具體辦理鹽務。

各產鹽區銷售方法各異，有官督商銷、官運商銷、官運官銷和商人包課四種。無論採用以上四種何種銷售方式，均以引票運銷數量為據，不得增加，不得變換引地（引地是指一定範圍的專賣區）。據康熙紀政直鹽課表所列，江西與湖南、湖北、安徽、江蘇、河南等省同屬兩淮行鹽引地，即為淮鹽的專賣區，引額為南引（兩江、兩湖）一百三十九萬餘引，北票（江南、河南）近三十萬引。當時，全國歷年鹽課額銀為七百四十七萬餘兩。但據道光年間戶部實徵數目，都不超過五百萬兩。「所差如此之多，鹽政之弊，亦從可知矣。」江西所屬十三府一州，除廣信府引銷浙鹽，贛州、南安兩府及寧都州引銷粵鹽外，其餘十府均引銷淮鹽。經商定，淮鹽產地每斤加價四文，產、銷兩地平分，江西每斤鹽分錢二文，這樣全省全年增收九萬兩。

國家實行鹽業專賣就有私鹽出現了，清代也不例外。所謂私鹽，是指與官鹽相對立、偷漏餉課的鹽斤，是由商販偷運，沒有繳納鹽稅的鹽，包括官私、梟私和鄰私等。雖然政府三令五申禁止私鹽，違者罪至極刑，仍難以解決，並有愈演愈烈的趨勢。運商在封建政府的支持下擁有使用武力稽查私鹽的特權，但他們自己同時也參與販賣私鹽，以獲巨利。他們有鹽引作護身符夾帶私鹽，差不多是引鹽的一倍。官鹽價格昂貴是由於成本過高、鹽課的遞增、官僚官吏的勒索、場價過高等原因造成的。而官鹽價太高，正好給予了私鹽以行銷的機會，這就使得私鹽的盛行成了必然。私鹽嚴重氾濫的主要原因，一是農民生計日艱，鋌而走險製私販私；二是政府對食鹽的計劃性管理造成供需脫節；三是製鹽技術的進步使製作私鹽成本大大降低；四是交通工具的進步和販私經驗的豐富使販私成功可能性增大；五是緝私制度的無效和緝私部門的無能。私鹽的存在，對清代各階層及清政府有著不同的影響，一方面它給予部分貧苦群眾的生活以一定的補償，從而對經濟關係的緊張有一定的調節作用；另一方面，它對清政府的財政收入也有所影響，一直是清政府嚴厲打擊的對象。清廷採取了許多方法，效果卻始終不理想。五個方面的原因：一是緝私人員腐敗無能；二是緝私人員構成複雜；三是緝私人員的規模過於龐大；四是緝私人員的裝備滯後；五是緝私激勵機制效率低下。清代前後期其緝私效果是各不相同的。清前期效果尚可，後期政治漸趨腐敗，鹽政管理鬆懈，緝私制度存在許多問題，造成緝私力量不僅不能抑制私鹽活動的氾濫，而且發展到護送鹽梟販私的地步。

江西鹽政從總體來看，主要有四大弊端[146]：一是百姓購鹽被逼捨賤買貴，捨近求遠。有如江西建昌府（治今南城縣）距淮南兩千餘里，離閩省邵武、汀州等府不過二三百里，運鹽程站較之淮南近至十倍，其鹽價自必貴賤懸殊，即食淮鹽價必貴，食閩鹽價必低。但是，由於江西為淮鹽引地，百姓食鹽須購淮鹽，而不

146 陳榮華著：《江西經濟史》，江西人民出版社 2004 年版，第 440-441 頁。

准購買其他鹽引地的鹽，實際上官商方面也不得到非鹽引的區域去運購銷售食鹽，百姓在當地也買不到其他引地的食鹽，只得貴買食用高價鹽。二是鹽船任意抬高釐費，商人成本增加，鹽價隨之攀升，影響國課、民生。三是官鹽例價不明，商鋪抬價壓榨民眾。贛江上游的南安、贛州、信豐、會昌、興國等埠為粵鹽暢銷之地。但鄰近的萬安縣為淮鹽引地，由於粵鹽價廉，官運入贛數額不清，不法之徒常通過糧船夾帶粵鹽走私進人淮鹽引地銷售；又由於官鹽例價沒能按照銀錢市價，每斤應折定若干「隨時頒示曉諭，以杜弊混」，於是商鋪任意抬高鹽價，牟取暴利，壓榨百姓。四是差役勒索誣指，商民資本蕩然。吉安府屬萬安為水陸交通要道，向來設有查鹽快船派差巡邏，以防私梟過境。道光年間，在此緝私的官吏差役人員，為了勒索錢財，對於私鹽船隻「每得錢賞放」。他們對於過往客商雖查無食鹽，照樣將其衣物傾斥倒篋，任意盤折，除肆意搶奪箱內銀兩之外，還向每個客商索取錢兩「數千至十數千不等」。有些客商為討回公道，便到衙門控告。不料，這些緝私差役不惜採用極其卑劣的手段，預先把私鹽放置在縣衙公堂上，反而誣指客商是私鹽夾帶者，「眾役一詞，不容分辯」，衙門書差人員與之相勾結，跟著「勒索規辦，使商民受罪含冤，資本蕩然，以故商賈吞聲，畏如狼虎」。[147]

（四）土膏統捐

江西所銷土藥（鴉片）多由四川、雲南等省販運而來。各省

147 《江西通志・訓典》首之三。

對土藥歷來均徵稅釐，江西間有徵收，但為數不多。後因各省稽查甚嚴，江西即無稅可收。為了籌集賠款資金，經奏准，商販土藥凡運至江西銷售的無論外省已否收稅，每兩一律收統捐稅銀十二兩，過境運銷別省的減半徵收。對煮土藥膏的，無論出賣或自食，每土一兩收銀一分。這項土膏統捐，每年可收銀四十萬兩。

三　宣統時期的財政改革

在宣統短暫的三年（1909-1911 年）中，清廷財政思想萌動新的觀念，併力圖統一全國的財政管理，建立新的財政制度。但是，由於政治上的腐敗，財政措施終不能有效的實施。

（一）清理整頓財政

從宣統元年（1909 年）起，江西即根據清朝廷統一財政的要求，執行度支部頒發的調查財政條款。由清理財政局調查光緒三十四年（1908 年）藩、運、道等局各庫收支存儲銀糧數目，全省出入款項總散各數目，府、廳、州、縣庫收支存儲銀糧數目，以及官銀號資本營業情形。將咸豐、同治以來為鎮壓太平天國籌捐籌餉而導致財權分散的情況逐步改變過來，變成由藩司統一綜核管理的財政。這一措施，有利於財政統一管理，並為此後試行財政預、決算制度奠定基礎。

（二）編制財政預算

宣統二年（1910 年），江西根據度支部奏定的《幣制則例》，實行銀本位制，「國幣單位，定名曰圓」。並從當年起，全省各文武大小衙門局所，均根據清理財政章程第五章第十四條的規定，各自預算次年出入款項，編造清冊，送清理財政局，編寫全省預算報告冊，由督撫報送度支部審核。預算編制「以每年正月初一起至十二月止為一年度，冊內先歲入，後歲出，各分經常、臨時兩門，門下分類，類分為款，款分為項，項以下為子目」。[148]冊內還將上年收支實數，逐類比較，附為比較表，又於摘要欄內說明大概情形。出入銀數，通以兩為單位，小數至釐為止。財政預算經度支部審核統一報資政院討論決定後頒發執行。

宣統三年（1911 年），江西省預算總收入為銀 692.63 萬兩，總支出為銀 821.60 萬兩，收支相抵預算赤字為銀 128.97 萬兩。這個預算經度支部審核調整後，總收入為銀 722.01 萬兩，總支出為銀 801.81 萬兩，收支相抵預算赤字為銀 79.80 萬兩。此數經資政院審核再次調整，最後確定全省總收入為銀 756.69 萬兩，總支出為銀 744.11 萬兩，收支相抵預算結餘銀 12.58 萬兩。江西省及度支部上報預算均為赤字，資政院審核後變為結餘，主要是在省上報數的基礎上，收入增加銀 64.06 萬兩，支出削減銀 77.49 萬兩，正反相差銀 141.55 萬兩。這顯然存在不少問題，正如度支部在《制定江西省宣統三年國家歲出總說明書》中所說的「咨政院審查此表舛誤甚多」，報表與實際情況不符。據宣統三年（1911 年）六月十六日江西省財政局向度支部的報告，宣統三年（1910 年 6 月-1911 年 5 月）財政收支相抵，實際虧損銀 120 萬兩。

148 《中國財政史》第 90 頁，民國 8 年 9 月至 9 年 6 月。

據《財政淵鑑》（下冊）記載，宣統元年（1909 年），江西省財政支出預算為銀 964 萬兩，其中解款 526 萬兩，協款 54 萬兩，共計 580 萬兩，占總支出的 60%。地方支出 384 萬兩中，軍政費支出 159 萬兩，占 41.4%；教育費支出 32 萬兩，占 8.3%；實業支出 33 萬兩，占 8.6%；其餘為行政、民政、財政等支出。上述解款、協款和軍政費共計 739 萬兩，占全省財政支出的 76.7%。宣統三年（1911 年），資政院決議，江西省財政支出預算為銀 744 萬兩，其中解款 475.8 萬兩，協款 56.9 萬兩，共計 532.7 萬兩，占 71.6%；地方財政支出 211.4 萬兩。占 28.4%，其中，軍政費支出 104.2 萬兩，占 49.3%；行政總費 45.2 萬兩，占 21.4%；財政費 29.1 萬兩，占 13.8%；教育費 3 萬兩，占 1.4%；實業、交通、官業支出共計 10.1 萬兩，占 4.8%；民政、司法等支出共計 10.9 萬兩，占 5.1%；籌備費 9 萬兩，占 4.2%。解款、協款和軍政費支出共計 636.9 萬兩，占全省財政支出的 85.6%，地方各項行政、事業支出僅占 14.4%。而教育和經建事業支出加起來不過 13 萬餘兩，僅占全省財政支出的 1.7%。

第八章——晚清江西文化

書院教育、傳統文化在晚清江西，已開始走向衰敗。隨著門戶開放，受著經世致用和維新思潮的影響，江西新式學堂和新式教育不斷出現，新聞報紙陸續創辦，留學生先後出國，逐漸形成近代化文化，雖然脆弱，作為新事物，卻是江西歷史的一大進步。作為一個文化整體，晚清江西不再享有歷史上的輝煌，不再獨領風騷，不再名人輩出，卻也小有成就，文史哲各方面碩果纍纍，人才輩出，社會習俗漸趨文明，民俗文化緊貼時代，這是晚清江西文化發展的主流。

第一節 ▶ 新式學堂的興起

自宋明以來，八股科舉教育在江西一直占據著統治地位，影響著江西的文化走向和整個教育體制，決定著江西廣大士子的前途和命運。受此影響，江西的書院教育非常興隆，科舉中試人數之眾，居各省前列。一直到前清，「江西科舉之盛，遠勝浙楚」，[1]當時的浙江、湖北是全國的文化大省。前清鄉試，江西中額一般在一百名左右，乾隆九年（1744 年），詔定江西鄉試額九十四名，並永為定制。至晚清，特別是太平天國運動以後，江西傳統科舉日漸衰微，光緒元年（1875 年）的會試，江西中試僅四十二名。舊的科舉教育的衰敗，昭示著新式教育的興起。

1 光緒《江西通志》，卷三十二，選舉表 13。

一　教會學校的出現

打破書院、私塾傳統教育體制的，首先是教會學校的出現。

隨著九江的開埠，基督教文化勢力的侵入，江西第一次出現教會學校。一八六五年，法國天主教會首先在九江開設濟世中學、濟世小學，創新式學校之先。接著於 一八六七年，美國衛理公會在九江創辦同文書院，不僅招收江西學員，還遠招安徽、湖北、江蘇等鄰省學員，開設課程有「天文、地理、歷史、外文、聖經、宗教知識等」。[2]該校一九〇六年改為南偉烈大學，一九一七年定名同文中學。一八七二年，基督教紅十字會在九江創辦江西第一所女子學校，招收十六歲以上女孩，甚至已婚婦女也可入學，儘管開設課程為烹飪、家庭教育等實用內容，在當時仍然震動很大，有違「女子無才便是德」的傳統思維。一八八八年，美國傳教士李愷悌、吳格矩在九江又創辦了一所女校，名為桑林書院，次年改為儒勵女校。此外，基督教會在九江還創辦了同文附小、四翹小學（即翹智、翹秀、翹德、翹材四所小學），在南昌創辦了豫章中學、法文學校和葆靈女中等。尤其值得一提的是葆靈女中，它是美國基教衛理公會布道使郭愷悌在南昌創辦的第一所女子學校，時間是一九〇二年。因紀念美國人葆靈先生（Mr.Baedwin）而得名。該校規定只招女生，校長只限女性擔任，教師原則上也只由女性擔任，女生不准纏足。最初只創辦幼

2　《基督教在九江的傳播及其創辦的學校和醫院》，見《九江文史資料》第一輯。

稚園和小學，辛亥革命後增設中學，課程以宗教、英文為主，附設女紅、家教、勞作等。起初學生只有學校工友、教會工友及其工作人員的女兒，後來江西的富有階層紛紛送女入學，其影響漸漸擴大，成為江西知名的教會學校。[3]

毋庸諱言，教會學校的興起，作為西方文化侵略政策的一部分，它在江西的作用，具有兩重性。一方面，它衝破了江西傳統的教育體制，傳播了西方先進文化，尤其是西方先進科技知識，啟迪了民智，有助於江西教育近代化的進程。另一方面，它有著西方文化和欺詐的目的，起著毒害和朦蔽江西一部分知識青年的作用，有其消極的一面。不管怎麼樣，教會學校的出現，畢竟是江西的新鮮事物，應給予相應的肯定。

二　新式學堂的興起

光緒二十七年（1901 年），逃到西安的清廷下詔興學，「著各省所有書院，於省城均改設大學堂，各府及直隸州均改設中學堂，各州縣均改設小學堂，並多設蒙養學堂。著各該督撫學政切實通籌認真舉辦」。[4]光緒二十八年（1902 年），清政府頒布《欽定學堂章程》，次年，頒布《奏定學堂章程》，通稱《癸卯學制》，這是中國第一個經正式頒布後在全國範圍內普遍推行的學制，它基本倣傚西方資本主義國家尤其是日本的教育制度。這個

3　《江西文史資料選輯》，第 4 輯，第 126-136 頁。

4　《光緒朝東華錄》卷一百六十九，第 1 頁。

學制不僅對各類學校的辦學宗旨、課程設置、學生的入學條件、修業年限及各類學校的相互關係作了詳明的規定，而且對整個教育宗旨、學校管理、教師的選用和學生的考試與獎勵等方面也作了相應規定，從而形成一套有別於中國傳統教育的新式教育制度。學校體系分基礎和專門職業教育兩大類，每一大類又分為高等、中等和初等。清末新政時期，江西在近代教育推行方面概況如下：

（一）基礎教育

在高等教育方面，清末期間江西全省陸續設立高等學堂十所，六所官辦學堂，三所民辦學堂，教會學堂一所（南偉烈大學，光緒三十一年創辦，校址設在九江，未辦理立案）。[5]其中，政法學堂三所（公辦 1 所，民辦 2 所），光緒三十三年（1907年），江西開辦省立法政學堂，是江西巡撫胡廷干在原藩司課吏館的基礎上改造而成，並於宣統元年（1909 年）報部備案，監督葉先圻（翰林，提學使委），地點在城內契家塘。[6]宣統元年

5 黃定元、張希仁主編《江西省教育志》，北京：方志出版社 1996 年 12 月版第 375 頁。還有人認為江西這一時期還興辦了江西清江大學堂，兩江師範學堂（與江寧、蘇州、安徽等省、城合辦），贛州法政學堂，（江西明經學堂，江西材官學堂，江西儲材館，江西馬炮工輜學堂，江西檢驗學習所，中國陶業學堂，這些不屬於「壬寅癸卯學制」系統）等高等教育學堂。（肖華忠：《清末江西新式高等教育發展概略》載《江西社會科學》1994 年第 6 期）

6 黃炎培：《清季各省興學史》，第 175 頁。異國十年改為法政專門學校。

（1909 年），私立豫章法政學堂在南昌豫章路成立。宣統二年（1910 年）春季，私立江西法政學堂在南昌高昇巷成立，堂長劉存一（日本留學畢業生），地點在租借繫馬樁民房。[7]醫學類兩所（公辦 1 所，民辦 1 所），光緒二十八年（1902 年），江西在省城南昌高橋設立江西醫學堂，三十一年（1905 年）停辦。

陳日新（知中醫，刑部主事，官委）任監督，聘一日本醫生南雅雄為教習。光緒三十三年（1907 年），江西萍鄉私立醫學堂創辦。方言類一所，光緒三十一年（1905 年），江西方言學堂創辦，三十三年停辦。監督程志和（禮部主事，官委），由原南昌友教書院改造而成，招收學生多是舉貢生員。工業學堂（江西高等學堂改辦）一所，農業學堂一所，其概況在「實業政策的推行」部分已經論述。師範高等學堂一所，將在專門職業教育論述。在這兒主要敘述江西高等學堂的情況。光緒二十八年（1902 年），江西巡撫李興銳根據清廷詔令，督同司道釐訂規條，以省城進賢門內書院街豫章書院，添賃民房擴充講舍，於四月十一日開辦江西大學堂，即補道汪瑞闓會同藩司總司其事。肄業諸生，「酌以二百名為限，實緣中小學堂未能一時並設，無所取材，姑從各屬保送之舉貢生童選其年歲及格，資質開敏者，當堂考試，分別錄取，並附取官幕子弟十二名，傳令一體入堂肄業」。《南昌民國初元紀事》記載江西大學堂「招收學生，均是舉人、貢

7　黃炎培：《晚清各省興學史》，第 179-180 頁。

生、優、拔、廩生、秀才，預先通飭各縣保舉」。[8]江西大學堂先後延訂中文總教習一人，分教習六人，東文分教習五人，經費在奏留丁漕四分，學堂項下撥用，並嚴飭各員核實開支，不准絲毫密麻靡費。柯逢時由布政使護理巡撫後又接到一上諭，「張百熙奏遵擬大學堂章程開單呈覽一折，披閱各項章程尚屬詳備，即照所擬辦理。並頒行各省，著各該督撫按照條款寬籌經費，實力奉行，總期造就真才以備國家任使等因欽此。」柯逢時復於省城西偏，購地一區，另建高等學堂，於十一月二十一日興工。[9]光緒三十年（1904 年）江西大學堂與柯所新建造的高等學堂合稱江西省高等學堂，[10]監督黃大壎（翰林）。學習課程有中文、歷史、地理、外語、體操、植物等新學課程，[11]開始定學員額三十名，後增加一百名，每名學生有津貼若干，如舊時之書院膏火。光緒三十三年（1907 年）舉行第一次畢業典禮，如科舉時出鄉試榜，分最優等、優等、中等、下等四種，以廩生、附生註冊，下等以佾生註冊，准用頂戴。江西高等學堂的設立揭開了自「戊戌維新」之後江西近代新式教育的新篇章。

在中等教育方面，新政時期，江西巡撫衙署將本省書院次第改為學堂。自「光緒二十七年（1901 年），當時江西十三府一直

8 周德華輯：《南昌民國初元紀事》卷六《教育類》第 115 頁。
9 《護理江西巡撫柯逢時奏辦大學堂摺》（光緒二十八年七月十二日），《江西官報》癸卯（1903 年）七月朔。
10 黃炎培：《清季各省興學史》，第 173 頁。
11 《蘇報》，1903 年 6 月 2 日。

隸州，次第創設中學堂十四所，教授英文、算學、史地等科目」。[12]另有十多所中等學堂自光緒三十一年（1905 年）被陸續建成。具體情況詳如下表：

・清末江西省中學堂一覽

學堂	創辦時間	地址	備註
撫州府立中學堂	光緒二十七年（1901 年）	興魯書院	民國後改為省立第七中學校
南昌府洪都中學堂	光緒立光緒二十八年（1902 年）	洪都書院	1914 年改名為省立第二中學校
九江府立中學堂	光緒二十八年（1902 年）	濂溪書院	1914 年改名為省立第三中學校
廣信府立中學堂	光緒二十八年（1902 年）	信江書院	1915 年改為廣信七縣聯合中學校
袁州府立中學堂	光緒二十八年（1902 年）	昌黎書院	1914 年改為省立第八中學校
南康府立中學堂	光緒二十八年（1902 年）	二賢祠	
贛州府立中學堂	光緒二十八年（1902 年）	陽明書院	1914 年改名為省立第四中學校
建昌府立中學堂	光緒二十八年（1902 年）	建昌城書院	

12　中華民國教育部《第一次中國教育統計年表》，開明書店 1934 年版，第 200 頁。

饒州府立中學堂	光緒二十八年（1902 年）	芝陽書院	1914 年改名為省立第五中學校
南安府立中學校	光緒二十九年（1903 年）	南安府城書院	
臨江府立中學堂	光緒三十年（1904 年）	章山書院	
萍鄉縣立中學堂	光緒三十一年（1905 年）	萍鄉縣城書院	1927 年改名中山中學校
九江炮臺隨營學堂	光緒三十一年（1905 年）	潯道瑞觀察所	
吉安府立中學堂	光緒三十二年（1906 年）	白鷺書院	1914 年改名為省立第六中學堂
瑞州府立中學堂	宣統元年（1909 年）	風儀書院	1914 年改名為省立第三中學
寧都州立中學堂	宣統元年（1909 年）	州城考棚	1914 年改為省立第九中學
南康縣立中學堂	宣統元年	旭升書院	宣統三年停辦
萍鄉公立正本女學堂	光緒三十一年（1905 年）	萍鄉縣勸賢堂	1925 年改萍鄉縣立中山女子學校
公立旅贛客籍學堂	光緒三十二年（1906 年）	南昌馬家池	
公立河口鎮中學堂	光緒三十二年（1906 年）	鉛山縣河口鎮	
南昌公立三商中學堂	光緒三十三年（1907 年）	南昌	
公立萬載龍河中學堂	光緒三十三年（1907 年）	萬載縣龍河洲畔	

公立南昌算學傳習所	光緒三十三年（1907 年）	南昌	
公立南昌女子公學堂	光緒三十三年（1907 年）	南昌於家後巷	民國後改為私立女子中學校
贛省模範中學堂	不詳	南昌	
公立南昌中西學堂	不詳	南昌	

資料來源：根據黄定元，張希仁主編《江西教育志》整理，方志出版社 1996 年 12 月版。

在初等教育方面，光緒二十七年（1901 年），各縣試辦小學堂，主持人稱為堂長。江西近代新式小學堂最初設立者應為光緒二十八年（1902 年）所創辦的南昌、新建縣立高等小學堂，監督由南、新兩縣知縣充任，堂長歸縣署委任，以後陸續有章江等小學創辦。[13]江西一些山區鄉村也倣傚新學而行。在江西南部的尋烏縣，地處邊沿山區的項山堡，潘氏家族出資創辦的埃口恥小學、重鄉有古氏家族創辦的怡智學校。潘氏的埃口恥小學，以私宅為校舍，辦在群山環抱的山村之中，卻延攬了一批縣內外、省內外新學的知名學者，給學生教授新學課程，使該校在贛、閩、粵三邊地區聞名遐邇。據光緒三十三年（1907 年）學部總務司

13 中華民國教育部《第一次中國教育統計年表》，開明書店 1934 年版，第 439 頁。

編制的《第一次教育統計圖表》，江西官立、公立、私立小學堂409 所。按地區劃分：省城南昌 11 所，南昌府 29 所，饒州府12 所，廣信府 45 所，南康府 18 所，九江府 24 所，建昌府 19所，撫州府 32 所，臨江府 7 所，瑞州府 28 所，袁州府 33 所，吉安府 77 所，贛州府 50 所，南安府 19 所，寧都直隸州 5 所。

・清末江西小學堂一覽表

類別	高等小學堂	兩等小學堂	初等小學堂	半日學堂	女子學堂	總計
公立	73	14	71	3	1	162
公立	64	33	27		3	127
私立	6	29	83		2	120
總計	143	76	181	3	6	409

資料來源：根據《第一次教育統計圖表》編制。

設蒙學。如光緒三十年，餘干縣俞省三因「該鄉以水為鄉，以漁為業，讀書者少，即明理者稀」，飭紳妥籌款，分村分族多立蒙學。其教習則就地取材，需熟習教授之法。先由該令酌定課程，選定課本，購備分發，依科講授。一年後，由該令考察而獎勵之，以期「興於學而頑梗可化矣」。[14]

在基礎教育中，除官辦新學堂之外，還有部分士紳積極倡辦

14 《餘干縣俞省三條陳地方利病懇求破格准予四事稟批》《年江西官報》甲辰年（1904 年）第十九期。

各種新式學堂，使得許多私立新學堂在江西接踵而起。光緒二十七年（1901 年），南昌熊元鄂、熊育錫兄弟因深受嚴復思想的影響首開新世紀江西民間興辦新式學堂之風。他們聯合夏敬觀、蔡公湛等人，在南昌以其家族塾學為基礎，創辦新式學堂。學校最初名為英文學塾，光緒二十八年（1902 年）改為「樂群學堂」，光緒三十一年（1905 年）再改稱南昌私立心遠中學堂，教習西文。這是本世紀初江西工商潮起，贛人最早開辦的一所專門修習西方文化和語言的新型學校。該校採用全新的教學內容和教學方式，大開新式教育風氣，對江西新學的興辦起到了很好的推動作用。光緒二十九年（1903 年）九月，舉人燕善達在南昌創辦了私立章江小學堂，「此校為江西省城開辦初級小學之始」。[15]光緒三十年（1904 年）週六平創辦私立大同學堂。光緒三十二年（1906 年），候補官吏江峰青、李家德等創辦私立登瀛學堂，該學堂分初、中、高三個班，主要招收官幕子弟。光緒三十三年（1907 年），三江村士紳蔡紹經等「籌款組織鼓化兩等小學，於奏定章程外添授英文一科，就學者頗為踴躍」。[16]

・清末江西私立中學堂一覽表

學堂	創辦時間	地址	備注
南昌私立心遠中學堂	光緒二十七年（1901 年）	南昌熊氏心遠堂	1912 年改名心遠中學校

15 黃炎培：《清季各省興學史》，第 173 頁。
16 《東方雜誌》第 4 期，第 170-171 頁。

南昌私立 大同學堂	光緒三十年 （1904 年）	水觀音亭	1925 年停辦
南昌私立 正蒙女學堂	光緒三十二年 （1906 年）	豫章樓公館	民國後改設 劍聲中學
南昌私立 登瀛學堂	光緒三十三年 （1907 年）	南昌城隍廟	辛亥革命後 停辦
新餘私立 萃英中學堂	光緒三十三年 （1907 年）	新余縣城管房 屋	
私立九江			
儒勵女子 中學堂	光緒三十三年 （1907 年）	儒勵桑林書院	辛亥革命後 改名為省立 潯陽女學校
南昌私立			
葆靈女子學堂	光緒三十三年 （1907 年）	南昌德勝門外	民國後改為 私立
葆靈女子 中學校			
南昌私立 章江中學堂	光緒三十四年 （1908 年）	南昌	1916 年停辦
私立萬載 東洲中學堂	光緒三十四年 （1908 年）	東洲書院	

資料來源：根據黃定元，張希仁主編《江西教育志》（北京：方志出版社 1996，12）整理。

女子教育在清末新政得到重視。光緒三十四年（1908 年），清廷學部頒布的《女子小學章程》可以算是女性受教育權利的法律保障。新政期間，江西陸續辦起了私立正蒙女校（1906 年）、女子公學（1907 年）、義務女校（1908 年）、私立匡秀女學（1909 年）等學堂，包括中等、初等層次的教育。光緒三十四年（1908 年），南昌的蔡敬襄等人聯合捐資創辦的私立義務女學校，「期末向學生收取學費，在經費難以維持之時，蔡敬襄仍斷指募捐救校」。[17]其苦心毅力，志在興學救國，可敬可佩。女子學校多為私立，對學生收費較高，一般是富家子弟進得較多，窮人不敢問津。

（二）專門職業教育

在江西，專門職業教育包括師範教育和實業教育兩個部分。實業教育前已敘述，在此著重敘述師範教育。師範教育根據癸卯學制分為優級師範學堂和初級師範學堂教育兩級。優級師範學堂教育屬於高等教育，光緒三十三年（1907 年），江西優級師範學堂在南昌令公廟創辦。[18]江西初級師範學堂最早創辦於光緒二十八年（1902 年），是由贛州府巡道劉心源和邑紳劉學熙在贛縣道立濂溪書院的基礎上改辦而成的虔南師範學堂。宣統元年（1909 年），清廷學部頒布《女子師範學堂章程》，進一步擴大了師範教育的辦學範圍。宣統二年（1910 年），江西女子師範學堂在南昌書院街公館屋創辦。[19]清末江西有優級師範學堂 1 所；初級師

17 黃炎培：《清季各省興學史》，第 182 頁。

18 黃定元、張希仁主編《江西省教育志》，方志出版社 1996 年 12 月版，第 379 頁。

19 黃炎培：《清季各省興學史》，第 176-177 頁。監督文征芝女士（翰林彭樹華夫人），開始招辦一班，學生不到二十人。省會各私立女學，

範學堂中，官立師範學堂、師範傳習所十一所，公立師範傳習所、師範速成科兩所，私立師範學堂兩所。[20]

（三）留學——造就新知識分子

留學（遊學）教育是晚清興學的補充措施，「非遊學不能助興學之所不足」。[21]清政府於光緒二十七年（1901 年）照諭各省督撫，一律仿照江南、湖北、四川等省派遣學生出洋。

首先，江西官派留學生概況。江西學人對西方新學雖然反應遲緩，但在進入二十世紀後，隨著「新政」的推進，部分江西學人也紛紛加入二十世紀初的出國留學大潮。從新近出版的各縣縣志反映，新政時期，全省七十多個府縣幾乎各府州縣均有出國留學之人，以留學日本者尤多，無論官宦之門還是貧寒人家，都有留學之士。其時，即使如偏僻的大庾縣，亦有記載云：「光緒三十一年，詔罷科舉，乃選士遠遊，負笈海外」。[22]《南昌紀事》上也載曰：「自清季外人之教輸入中夏，而教育為之一變。一然南昌留日、留英、留美之士多獲學士、碩士、博士之名」。[23]江

稍能作數十字國文者，考取前列。蓋先辦師範，而無不學根基，故有此弊也。民國時，取消師範名稱，歸併女子中學。

20 黃定元、張希仁主編《江西省教育志》，方志出版社 1996 年 12 月版，第 261 頁。另外，光緒三十一年（1905），江西萍鄉正本女子學堂在萍鄉縣勸賢堂，分設工藝、師範 2 科。

21 《變通政治人才為先遵旨籌議摺》，《張之洞全集》第 2 冊第 1406 頁。

22 民國八年《大庾縣志》，卷四《教育志．學校》第 150 頁。

23 周恤華輯：《南昌民國初元紀事》卷六《教育類》第 16 頁，民國九年刊本。

西留學生以留日學生為主。分為他省官派，江省官派，自費三種形式。通過他省官派和自費的形式出國留學的學生在時間上比江西派出留學生的時間要早。根據《清季留學生會館第二次報告書》，一九〇二年十月至一九〇三年三月間，留日江西籍學生已有十三人，附表十一反映了其簡況。

光緒二十八年（1902 年）正月，江西督撫集資遣送學生出洋留學，計耗資一萬兩。江西遵照清廷的要求於光緒三十年（1904 年）先從武備學堂派出胡謙、李烈鈞、歐陽武、余鶴松等四名學生赴日本留學，入日本振武學堂。[24]光緒三十年（1904 年），江西設立農工商礦總局，在派黃大壎等人赴日本考察各面實業的同時，即以農工商礦總局的經費派十名學生隨同赴日留學，「肄習農工商礦專門之學」，以便他們「異日畢業回華，推行盡利」，「獲改良之益」。[25]光緒三十一年（1905 年）底，練兵處選派一百〇八人赴日留學，其中江西有余維謙等四人。[26]光緒三十二年（1906 年）春又派徐福綿等十三人赴日學鐵道，江西高等學堂挑選優級學生二十人留日。[27]學部派遣進士館八十三人入日本法政大學速成科，其中江西有十人。光緒三十三年（1907 年），江西教育會選派十名女學生留日，赴日本實踐女子學校學

24 《練兵處奏定選派陸軍學生遊學章程十六條》，《江西官報》甲辰年（1904）第十六期。《東方雜誌》第一年第九期。

25 《東方雜誌》第二年第十二期。

26 《東方雜誌》第三年第三期。

27 李喜所：《近代中國的留學生》第 136 頁。

習，開女子留學之風。[28]

其次，留學生人數考察。根據《光緒三十四年九月到宣統元年七月各省官自費畢業學生姓名表》中載：一九〇〇年江西學生謝曉石（官費）到日本。一九〇二年王煥文（官費）到日本。一九〇三年鍾震川等七名官費學生到日本。光緒三十年（1904年），江西留日學生有明顯增長。據不完全統計，以當年五月十四日為準，有案可查者不下 28 人，學生所攻專業，包括商業、手工、軍事、醫藥、外語、體操、製造、蠶業等。江西 28 人之數遠遜於湖北的 289 人、湖南的 210 人、浙江的 134 人、江蘇的 112 人、直隸的 97 人、廣東的 86 人、四川的 57 人、安徽的 56 人，稍強於山東的 27 人、福建的 24 人、雲南的 15 人、貴州的 14 人、河南的 7 人、廣西的 7 人、山西的 4 人、陝西的 1 人。[29] 根據《東方雜誌》（1904 年 4 月號）載：到一九〇四年二月，中國有 1400 人在日本，其中江西有 27 人。

・江西歷年留日學生人數統計

年份	1900	1902	1903	1904	1905	1906	1907	1908	年代不詳	
官費人數	1	1	10	20	18	167	10	4		231

28 《警鐘日報》，1904 年 6 月 13 日。
29 《東方雜誌》第 31 卷，第 11 號，民國 23 年 6 月 1 日。

自費人數			2	4	6	14	6	4		36
總計	1	1	12	24	24	181	16	8	18	285

備注：1. 本資料根據《清末各省官自費留日學生姓名表》製作；2. 官費學生中含有以外省官費派出的部分江西籍學生以及自費生；3. 本表統計的人數主要指在日本各高等專門實業學校中畢業的學生，沒有畢業的學生未統計在內。

再次，對於江西來說，一些學人就讀於省外的一些學堂，也不失為一種遊學。他們學成歸省投身於江西的近代教育和近代實業中。以京師大學堂為例，新政期間，在該學堂師範館攻讀的江西學生不下十三人。

眾多的留學生回國後，或投身革命，或從事教育、科研，或創辦實業。像李烈鈞、蔡紹南、鄧文翬、彭程萬、蔡銳霆、蔡突靈等，為革命奔走聯絡，功不可沒；像詹天祐等，修建鐵路，享譽宇內；像桂瑞藩等，潛心教育，興辦學校，為江西培養了大批新式人才；像何煥奎、康愛德等，興辦醫院，不僅治病救人無數，還為江西培養了大批醫務人才等等。尤其值得一提的是，康愛德是江西第一位留美的女學生。她是九江人，自幼父母雙亡，為美傳教士昊格（Hoag）收養。一八九二年，赴美學醫，成績優秀，四年後畢業回江西，掛牌行醫，求醫者門庭若市。同時，她還培訓出一批批女醫務人員，緩解了江西女醫務人員短缺的矛盾。

學有所成的留學生，為江西知識分子打開了一條新的成功之路，給人們提供了一種新的選擇，這就打破了儒家經典、詞章八股的傳統價值取向，並為江西民主革命進程和近代化教育、近代化實業打下良好基礎。

第二節 ▶ 新聞業的出現

清朝封建統治，在政治上高度集權，在文化上極端專制，除宮廷《邸報》登錄諭旨、奏章外，不允許任何其他宣傳工具的出現。打破這種文化壟斷局面的首先是外國傳教士所辦的報刊和維新思潮影響下的維新報刊，而作為近代報刊業的出現，則時間更晚。

一 近代報刊的出現

從十九世紀四〇年代開始，到九〇年代末，「西人在華先後共創辦中外文報刊一百七十種，約占同期中國報刊總數的百分之九十五，其中絕大部分是以西方教會或傳教士個人的名義創辦的」。[30]江西歷史上出現的第一家報刊也是西人創辦的。這就是一八九〇年基督教美以美會在九江創辦的《教會辯護者》，每月出一期。接著英國傳教士於一八九一年在南昌創辦《博聞報》，也是月刊。它們雖然發行範圍有限，讀者多限於教徒，但對江西近代報刊的產生和發展起到了一定的示範作用，而且具有衝破封建文化壟斷的重大意義。

30 龔書鐸：《中國近代文化概論》，中華書局 1997 年版，第 227 頁。

在中國，第一份自辦的近代報刊是《中外新報》，一八五八年在香港出版。在江西，第一份自辦的近代報刊是《時務菁華報》，一八九八年在萍鄉出版。《時務菁華報》為萍鄉知縣顧家相之子顧燮光主編，為書冊式半月刊，每冊六十頁，經費由縣署撥款和鄉紳贊助，刊登的主要內容有諭旨、奏疏、中外政事、東西洋詳情、實學匯要、經濟文萃等，發行於江西中西部和湖南東部。作為江西歷史上第一家自辦的報刊，其意義非常重大，它開創了江西人辦報的先例，填補了江西報刊業的空白；它是江西傳播西學和開通民智的重要媒介，對江西的維新思想起著重要的推波助瀾的作用。

受此影響，鄒凌瀚、鄒凌沅等在南昌也積極籌辦報刊，即將開刊之時，遭遇「戊戌政變」而停版。

直到一八九九年，江西才開始出現第二家自辦報刊，即《通學彙編》，由江西致知書局在南昌創辦，每旬出一期，主要選錄各地報刊上的文章和時事。

作為報刊或新聞業的出現，當以一九〇二年江西設立官報局及其創辦《江西官報》為標誌。因為此後，江西許多家報刊問世，形成一定的報刊規模，並且統歸官報局登記和監督管理。

《江西官報》為旬刊，屬省府官辦，它不僅繼承了《邸報》登載諭旨、奏章的傳統，而且還登錄中外新聞和各知縣撰寫的論說等，起到了上下溝通的政治作用和開通風氣的宣傳作用。

在《江西官報》的影響下，一九〇四年，安福縣創辦了《安福匯報》旬刊；一九〇六年，廣豐縣創辦了《勸學報》，一九〇七年，江西農務總局創辦了《江西農報》，九江官府出版了《江西日日官報》；一九〇九年，江西學務公所創辦了《江西學務官報》等等。這些官辦報刊不僅宣達政令和介紹時事，而且還開闢專門實務欄，涉獵經濟技術領域、教育改革領域，對江西的經濟發展和教育創新有著直接的指導作用。

江西報刊業發展的另一個重要因素，就是留學生和革命派積極參與報刊的創辦。

一九〇三年，江西留日學生張世膺在日本東京創辦《江西白話報》（一年後改為《新白話》）。這是江西留學生創辦的第一家進步刊物。它痛斥朝政的腐敗，倡導反滿革命，揭露西方列強對中國的侵略罪行，倡導中華民族的振興，其言論激烈，在當時振聾發聵。它在江西南昌設總代派所，在贛州、九江、吉安、萍鄉、上饒等地設分代派所。對江西影響很大。

一九〇八年，江西留學生湯增璧、文群等在日本東京創辦《江西》雜誌，與《新白話》遙相呼應，競刊革命言論，鼓吹「欲保和平，必具武裝，勵一國之鐵血以為鐵血，而國強於全球，壯一國之武裝以為武裝，而國安於磐石」。[31]該刊在江西公開發行，銷量很大。

一九〇二年四月，蔡元培等在北京成立中國教育會，江西繼之成立江西教育會，它「表面辦理教育，暗中鼓吹革命」，並在各地成立分會。其中九江教育分會在一九〇四年創辦了《青年愛》，在登載教育學術和教育新聞的字裡行間中，常常寓意愛國

31 《辛亥革命時期期刊介紹》第三輯（江西），人民出版社 1982 年版。

和排滿思想，使其成為江西境內第一家革命刊物。接著，革命黨人又於一九〇六年創辦了第一張機關報《自治日報》，吳宗慈任總編。該報首先刊載武昌起義和九江獨立的消息和文告，積極聯絡各界，謀劃南昌獨立事宜，為徹底推翻滿清在江西的統治，奔走呼喊。翌年，革命黨人又在贛州出版《贛報》，與《自治日報》遙相呼應，倡導革命。

一九〇九年，江西最大的革命組織共進會，為宣傳革命宗旨而創辦《漢江日報》，主要發行於南昌市郊和廣大鄉村，雖祕密發行，但影響很大。

江西官府、留學生和革命黨人，是晚清江西新聞業發展的主要力量。此外，一些民營報刊也在不同程度上為晚清江西報刊業作出了貢獻，如《新民報》（1901 年創刊於南昌）、《江西白話報》（1904 年創刊於九江）、《選報》（1906 年創刊於南昌）、《又新日報》（1909 年創刊於贛州）等等。粗略統計，從一八九八年到一九一一年，江西共創辦報刊大約二十八種，尚不含江西人在日本出版的三種。[32]茲將清末新政時期江西報刊分列於下：

32 同上。

・清末新政時期江西報刊一覽表

刊物名稱	創辦人	創辦時間	發行地	備注
新民報	不詳	1901	南昌	1905 年已佚。
日新匯報	不詳	1902	贛州	以工商界人士為讀者對象。
江西官報	南昌官報局	1903.8	南昌	1911 年 5 月停刊。
江西白話報	江西留日學生張世膺	1903	東京	革命刊物，大約 5 月間出版，旋停，改為《新白話》。
新白話	江西留日學生，新白話報社	1904 年初	東京	革命報刊，1905 年底停刊。
江西白話報	不詳	1904	九江	旋停，以中等學堂學生為主要閱讀對象。
新新白話報	程某等數人	1904	九江	
青年愛	江西教育會九江支部	1904.9	九江	革命黨人以教育會的名義出版。
安福匯報	安福匯報社	1904.5	安福縣	大約 1905 年停刊，在吉安府城內及江口、楓市等處設代派處。
江報	李之鼎	1904	九江	初以日商的名義出版的一家日報，1907 年改為《江西日日官報》出版。
贛風	易知社	1904	南昌	文化類刊物。

江西話報	錢風號	1904	南昌	辟有16個欄目，以“事關國政、民業、風俗”為三大重點。
江西實業白話報	劉子民	1904	南昌	擬於該報暢銷後，“再辦《蒙學白話報》”。
南潯通俗報	南潯通俗報社	1905		文化類刊物，1905年內出至第14期，終刊時間不詳。
選報	劉汝鵬	1905	都昌	旨在“開浚民智”。
選報	劉博存等人	1906	南昌	
勸學報	廣豐縣署	1906	廣豐縣	政治類刊物，1906年出至第2期，終刊時間不詳。
自治日報	吳宗慈主編	1906	南昌	江西革命黨人的言論機關。
贛報	贛學社	1907	贛州	革命派報紙，以教育事業為主導，暗中鼓吹革命。
江西日日官報	李之鼎	1907.4	南昌	官商合辦，洋務局監督。1911年7月24日停刊。
江西農報	江西省農務總局所屬農務總會	1907.4	南昌	總發行所設在江西農工商礦局，吉安、贛州有代售處，上海代售處在商務印書館。至1909年4月出至第25期，終刊時間不詳。

江西雜誌	江西留日學生	1908.7	東京	革命報刊，出至第四期停刊，約在1909年6月。
江西學務官報	江西學務公所圖書科編報處	1909	南昌	教育類刊物，從中可以看到江西當局在學務問題和地方自治問題上采取措施的情形。至1911年7月出至第26期，終刊時間不詳。
文新日報	不詳	1909	贛州	
贛州商會公報	不詳	1909	贛州	中國商人創辦的報紙。
江西憲政時報	不詳	1909.12	不祥	《江西省志·大事記》中，提到該報被查封。
江西諮議局會期日報	江西諮議局	1910.10	南昌	登載諮議局議案，來往函電以及會議動態
江西民報	吳宗慈主編	1911.11	南昌	原名《自治日報》

資料來源：根據程機《晚清江西報刊敘錄》，《江西期刊綜錄》，《江西省志·大事記》，《東方雜志》和《警鐘日報》整理。

從戊戌維新開始，到辛亥革命為止，一些全中國知名報刊在江西也大量發行，如《時務報》、《中外紀聞》、《湘學報》、《民報》《北洋官報》等，其影響之廣，也促進了江西新聞業的發展。

二　近代報刊啟迪民智

江西社會風氣漸開，「多藉報紙之力，報界之發達，實為江右文明之紀念」。[33]近代報刊包括銷往江西的外省報刊和江西本省創辦的報紙。以一九〇三年為例，銷往江西的《蘇報》達200份，較上年增四分之三；《新民叢報》250份，較上年增三分之一；此外尚銷有《中外日報》280份，《譯書彙編》120份，《浙江潮》80份，《遊學譯編》50份，《女學報》40份，《湖北學生界》30份等等。[34]

清末新政期間，江西創辦的報刊大量增加，根據統計有二十八種之多。按創辦者分類，有外商投資創辦的報紙、有中國商人辦的報紙，有官報和官商合營報紙。以讀者對象分類，有以工商界人士為對象的報紙，有以學界為對象的報紙。以報刊的內容分類，有政治報、商業報、農報。按報刊文體分類，有文言報、白話報。按刊期的長短分類，有月刊、半月刊、旬刊、五日刊、三日刊和日刊報紙。這些報刊的出版成了江西開通風氣、傳播新思想、啟發民智的重要途徑。《新白話》明確宣示，「專取正大的宗旨，發明以明顯的文字」，從事有關中國前途的「言語改良」，冀收「開導一般同胞的知識」之效。[35]其內容，包括論說、時局、教育、地理、紀聞、小說、詩歌、笑話等專欄，配以淺顯易

33　《蘇報》，1903年5月30日。

34　同上。

35　《新白話》，第二期，卷首「特別告白」。

懂得白話文，很快成為雅俗共賞的讀本。該刊在江西教育會設總代派處，在南昌的戊子牌樓的普益書局、百花洲得廣智書莊，贛州府學前的日新公司，九江孝子坊的閱報社，袁州萍鄉正街的文華堂書局以及吉安等地設有分代派處，[36]播新風於贛江上下。[37]繼之而起，江西原大學堂學生錢風翬推出《江西話報》，闢有十六個欄目，以「事關國政、民業、風俗」為三大重點。[38]南昌的劉子民創辦《江西實業白話報》，並擬於該報暢銷後，「再辦《蒙學白話報》，[39]九江的程某等數人創辦《新新白話報》。[40]都昌人劉汝鵬自籌款項創辦《選報》，旨在「開濬民智」。[41]江西留學生主編的《江西》雜誌，旨在「開通風氣，革除敝俗，灌輸最新學說，發揮固有文明，以鼓舞國民精神」。[42]江西報人還走出江西，參加全國報界的活動。宣統二年（1910 年）八月，《江西官報》、江西《自治日報》、《贛州文新日報》選派代表赴南京，參加全國報界促進會。這次會議決定組建中國報館促進會，並公布組織章程。

這一時期，江西出現的近代報刊具備了大眾傳播媒介的各種功能，這在江西早期現代化過程中是一個重要事件。

36 《新白話》第七期封三。
37 《新白話》，第七期，卷首。
38 《警鐘日報》1904 年 9 月 20 日。
39 《警鐘日報》1904 年 10 月 5 日。
40 《警鐘日報》1904 年 11 月 12 日。
41 《東方雜誌》第二年十一期，「各省報界匯志」第 298 頁。
42 《申報》1908 年 7 月 8 日。

其一，近代報刊出現以前，只有所謂官紳才能參與政治，他們能從各種渠道獲得政治信息，江西一般民眾處於消息閉塞狀態，與政治和一些重大社會活動是絕緣的。近代報刊出現，向江西民眾提供了信息，也使一些關心國事的知識分子的觀點集中起來得以進行相互交流，同時形成了所謂的輿論，從而創造了民眾參政的基本前提。如光緒二十九年七月創刊的《江西官報》在一定程度上和一定範圍內適應了江西官紳瞭解中央和地方動態和國內外時事的需要。光緒三十年（1904 年），《安福匯報》在縣署支持下出版，旨在向本邑官紳學子提供國內外政經文教各方面的信息。報刊也能形成對輿論的監督，如光緒三十年（1904 年）在九江創刊的《江報》經常對官場有所毀譽，因而銷路較好。又如《自治日報》刊登通信，題為《美女獻花記》，揭露鉛山縣河口鎮分防同知柳詒春「庇護花叢」，招群妓到署留影，以「擇優鑑賞，藉快私衷」。此文轟動一時，《申報》特予轉載。[43]

其二，江西近代報紙對於江西民眾，特別是士紳階層形成與他人的共同感情，或是同他人保持認同意識，以及對形成將來的想法起了一定作用，它產生了統一化的影響，將全國性的一致和城市地區性的一致帶給了江西各群體和各種亞文化，克服一盤散沙的現象，增加江西社會的凝聚力。人們受近代報刊的影響也是各種現代態度產生的一個重要來源，如對民主的追求等。

43 轉引自程澐《清代江西報刊歷史特點》，載《南昌大學學報》1993 年第 3 期。

其三，江西近代報刊對江西經濟有指導作用。如《江西官報》發表農事試驗場試驗報告，刊登農學論文和外國農業機械圖，自編農事新聞，這些新聞廣泛涉及省內外農林牧漁各業。它特別重視發表調查報告以及與時局相關的論說，如第一期刊載《寧都農業調查說略附表》，第七期刊載《泰和縣農業調查錄》和《贛省農業之將來》（論及江西農業生產的布局和各州縣組織農會等政策問題），第十期和第十一期連載《上饒縣農業調查說略附表》。由於內容豐富，光緒三十四年，《江西農報》受到北京農工商部表彰，農工商部要求各省發行農報，其一切章程均仿《江西農報》辦理。[44]

當然，我們應當看到，近代報刊對江西社會的作用是一個長期的進程，新政時期，上述三種作用只是這個進程的起步；加上該時期江西各種報紙往往旋辦旋停，存在時間短促，大眾傳播工具效能的發揮大打折扣，結果減弱了它對社會的作用力。

三　近代新書發行機構和閱報社

新政期間，江西新書的發行形勢看好。僅南昌一地，就有文智書莊、江華公司、普益書局為「專售新書、譯書者」。[45]隨著新書新報的漸次興盛，專營和兼營的發行閱覽機構也應運而生，九江的潯陽閱報社、南昌的三育善會閱報公所便是這樣一類的機

44　《江西農報》第十七期報導。
45　《警鐘日報》1904 年 9 月 27 日。

關。[46]

地方政府也促使這一類機構的大量出現。光緒三十一年正月，進賢縣訂立章程，設立閱報所以開風氣，而擴見聞，使閱報者有開智之益，無一文之費。三月，設作民講舍一處，選訂講生專司宣講演說，以開民智，剴切宣講，務使知識日開。四民咸知進步。選擇與農工商礦有關之事，以及改良諸法，認真宣講，期收實效。[47]三十二年十一月，饒州府張守檢稟稱，前奉明詔宣佈立憲，薄海臣民，歡聲雷動。然為立憲國民，當有國民之資格。第民智未開，非廣興教育，無以開風氣而祛固蔽。竊謂鼓舞振興之法，莫如書籍報章，最易輸灌文明，增益智慧。饒州僻居腹地，書籍無以購閱，圖書儀器報章更多缺如。查有正任泰州知州張牧澮本年集股開辦儲材圖書公司，專辦學堂用品。現經函招公司經理人來饒，已與訂明在饒分設公司，並招添股本，兩處合辦，各招四百股，每股英洋五十元，該守先認繳二十股，學堂二十股，鄱陽縣陳令慶綬十六股，以為之倡。一面函勸各縣令及學堂紳商一體入股，地方士庶得此消息歡忭踴躍，股款易集。所有辦法，悉遵商律辦理。[48]光緒三十二年，浮梁縣認識到「欲興商務，先開民智，現行各項報章凡有關於時政及籌辦實業者，無美不搜」。於是，在子景德鎮育嬰局內，先行設立閱報社一處，將

46 《警鐘日報》1904年9月27日。
47 傅春官《江西農工商礦紀略》進賢縣・商務。
48 傅春官《江西農工商礦紀略》饒州府・商務。

奉發各種報章，發交傳觀。另飭各紳籌定經費，擇要購置，凡識字者均可入社閱看，不取分文，俾開風氣，試行有效，再行推廣。[49]

第三節 ▶ 學術研究的興盛

晚清江西詩學、經學、史學、數學等學科，繼承了宋明時期興盛的歷史，湧現了大批詩人和學術人才，在全中國享有一定的影響。

一 詩學

江西詩學，始於陶淵明，盛於唐宋。晚清詩學，尊唐宗宋，倡「同光體」，獨領風騷。同時，受動盪社會的影響，憂國憂民，思強求變，倡「經世致用」，呼「維新變法」，形成一股強勢的現實主義詩風。

同治以後至光緒，即一八六二年到一九〇八年，江西盛行一種崇尚宋代江西詩派（以黃庭堅為代表）的詩風，後人稱之為「同光體」，其代表人物，是修水縣人陳三立。研究近代詩學頗有成就的汪辟疆評述「同光體」時說道：「有清一代詩學，至道（光）、咸（豐）始極其變，至同（治）、光（緒）乃極其盛」，「至陳散原（三立）先生，則萬口推為今之蘇（軾）、黃（庭堅）

49 傅春官《江西農工商礦紀略》浮梁縣・商務。

也。其詩流布最廣，工力最深。散原一集，有井水處多能湧之」。[50]陳三立領袖「同光體」，崇宋學古，感慨國事多秋，世事如煙，悲傷「戊戌政變」，父親（陳寶箴）病歿，幽憂鬱憤，寄洩於詩，遂避俗避熟，求生求澀，吟詩高歌，「憑欄一片風雲氣，來作神州袖手人」，[51]與一批詩友相唱和，如新建楊昀谷、臨川李瑞清、九江桂念祖等。「詩界革命」的倡導者梁啟超曾高度評價陳三立的詩，他說：「其詩不用新異之語，其境界自與時流異，酉濃深俊微，吾謂於唐宋人集中，罕見其比」。[52]陳三立詩學大集，著有《散原精舍詩集》、《續集》、《別集》等，流傳較廣。

「同光體」詩學的出現，反映了江西一批士大夫對時局無奈的感慨。面對國事多艱、民族危難的局面，江西還是有不少士大夫站出來抗爭，抗擊現實黑暗，反映民生疾苦，形成一股強勁的現實主義詩風，其代表人物有文廷式、陳熾等人。

文廷式（1856-1904 年），萍鄉人，翰林院編修，侍讀學士兼日講起居注官，支持光緒親政和維新變法，是帝黨和維新派的中堅人物。他著有詩集《雲起軒詞鈔》、《文道希先生遺詩》、《純常子枝語》等，他的詩，化古求變，緊貼時事。如傷嘆甲午戰敗：「三千犀弩沉湖去，只去瑤台一笑中」；企盼中興之望：「日

50 《汪辟疆文集．近代詩派與地域》，上海古籍出版社 1988 年版。

51 吳宗慈：《陳三立傳略》，見《國史館館刊》創刊號，民國三十二年十二月出版。

52 《無生詩話》，載《民呼報》，1909 年 6 月 7 日。

月回天運，風雲感聖謨。幾時哀痛詔，寰海慶昭蘇。」[53]

其詩文采奇麗，雅俗共賞，無論是激情愛國詩，還是情思山水詩，都頗為世人誦吟。

陳熾（1855-1900 年），瑞金人，戶部郎中、軍機章京，力主變法圖強，遊說於帝黨和維新派之間，是晚清著名的經濟學家。其詩抗心希古，矯然自振，以救世之鴻志，詠慷慨之悲歌，淋漓渾脫，有曹植、阮籍之遺風。著有《褒春林屋詩》。他譏諷列強侵略、國門洞開，有詩云：「飢蛟宅深浦，水族無安瀾。猛虎在灌林，百獸多憂患」。又憂慮西人挾先進科技而牟暴利，有詩云：「海客多奇淫，大利遂私擅」。[54]晚年憂傷變法曇現，往往酒前燈下，高歌痛哭，詩風消沉，最終鬱憤而去。

二　經學

江西書院眾多，除四大名院（白鹿洞、白鷺洲、鵝湖、象山）外，還有三山、聚星、崇實、昌黎、豫章、友教、經訓等書院也較有名氣。書院以儒學教育為主，課堂就是講經台。書院在晚清江西，仍然是主要的教育基地，成就了大批經學大師，也培養了大批經學人才。南昌經訓書院山長皮錫瑞就是當時全國著名的經學大師。他博貫經書，持論公允，窮經據典，無妄誑虛偽，把深奧的經學，講得通俗易懂，深入淺出。他撰寫的《五經通

53　汪叔子：《文廷式集》下冊《詩錄》，《中華書局》1993 年版。
54　《褒春林屋詩》，《陳熾集》，第 366 頁。

義》、《經學歷史》、《師伏堂叢書》等經學專著，成為當時江西經學方面的權威書籍。

晚清江西較有名的經學大師還有尚鎔、王曜南、王士傑、楊希閔等。尚鎔在道光年間主持三山、聚星、崇實書院，其文辭大膽激烈，抨擊當時文壇陋習，斥為腐爛時藝排律。著有《持雅堂全集》、《史記辯證》、《三家詩話》等，是晚清江西較早的經學大師。王曜南，婺源人，三次鄉試不第，遂潛心經學，堅辭孝廉方正薦舉，主講紫陽、衡文書院，著述頗豐，有《禮書條考》15 卷、《春秋繹義》12 卷、《春秋總說》4 卷、《詩經集義》9 卷、《毛詩采要》4 卷、《禮儀醒要》4 卷、《務本堂文集》6 卷等。王士傑、楊希閔等經學大師，皆以講學書院、注經立說聞名於當時。

到了晚清後期，特別是戊戌維新運動以後，社會重時務實學，新式學堂開始出現，新式教育開始實行，書院經學漸趨衰敗，不再成為江西教育的中心。

三　史學

晚清江西史學，受乾嘉學派影響較深，重考據，重注疏，重精核，立論較少，再者就是受官方影響，重視地方文獻的蒐集整理。同治朝的各府縣志和光緒朝的《江西通志》就是集全省史學人才編成的史學巨篇。在這種背景下，江西缺少史學大家，但不乏史學人才和史學研究成果，李有棠和龍文彬就是當時有名的史學家。

李有棠（1823-1891 年）萍鄉人，少好史學，以優行成貢生。選授江西峽江訓導。專攻史學十年，綜採遼、宋、金、元各史和傳記，詳加校訂，考辨異同，編撰《遼史紀事本末》四十卷和《金史紀事本末》五十二卷。書成後獻給江西學政吳士鑑閱覽，吳閱後贊之為「今得此書，博考群編，蔚為巨製，實為乙部（史部）中不朽之作」。於是吳又將此書薦呈光緒帝，光緒賞其才，擢升為內閣中書。這兩部紀事本末，詳實記錄了遼、金歷史，澄清了遼、金混亂不清的史事，引導了史學界對遼、金等少數民族或邊遠小國歷史的重視，並且印補了相關的《宋史》，是晚清江西史學的一大成就，也是全國晚清時期史學研究的重要成果。

龍文彬（1821-1893 年），永新人，進士及第，授吏部主事。光緒元年（1875 年）參與校勘《穆宗實錄》，加四品銜。後請辭歸鄉，主講於章山、秀水、聯珠、蓮洲各書院。他鍾情於明史，畢生用功於蒐集明史相關史料，最後完成《明會要》八十卷的巨著，並匯集《明紀事樂府》三十首。《明會要》詳細記錄了明代政治、經濟等方面的典章制度，正訂、補充了《明史》的不足。在晚清忌諱明朝人和事的文化陰影下，龍文彬敢撰《明會要》是冒了一定的政治風險的，因而其書雖有重要價值，卻未公開流傳，影響面較小。

另外，晚清時期，江西學者對一些專門史、地域史、民族史也有相當的研究，且碩果纍纍：有高超的《東漢黨錮史》；胡思敬的《戊戌履霜錄》、《國聞備乘》；文廷式的《補晉書藝文志》、《春秋學術考》；黃維翰的《黑水先民傳》、《渤海國記》；徐敬熙的《西北大問題》、黃懋材的《印度札記》等等。

四　數學

在社會大動盪的晚清時期，江西潛心研究數學的卻大有人在，其中以傅九淵、吳嘉善為代表。

傅九淵（1791-1845 年），上高人，進士及第。少時好學，尤喜算術，廣獵數學書籍，與當時全中國有名的數學家徐有壬、羅士林等交往頻繁。著有《有不為齋算學》四卷，卷一為「招差逑解」，卷二為「招差算例」，卷三為「對數表開方用較省算法解」，卷四為「大衍約分定術」，把深奧的數學用實例解白，闡逑自己的數學成就，在晚清前期數學界有一定的影響。另外，他還校注了《算學》《數學》《數學九章》《三統術衍》等專著，為中國數學的發展作出了一定的貢獻。

吳嘉善（1819-1885 年），南豐人。任翰林院編修。吳自幼喜愛數學，有異才。一八六二年避亂長沙，仍潛心數學研究，編撰《割圜八線綴術》，宣傳並推廣著名數學家徐有壬的算術成果——「綴術」。此前中國數學領域裡，一切函數的冪級數計算都用文字敘逑，徐有壬創造了一種表逑冪級數的算式，稱之為「綴術」。這在當時，可謂數學界的一次突破。另外，他根據自己的數學研究心得，撰寫了數學專門著作二十一種。如《筆算》《開方》《平方各形術》《方程術》《平三角邊角互求術》《孤三角術》《天元一草》《四元加減乘除釋》等。這些著作，有介紹性的推廣，有空白式的研究，有系統化的闡逑，在當時數量界影響較大，頗受同行的推崇。

另外，黃懋材在江西數學界也有一席之地，他撰寫的《得一齋外集》，就是其數學研究的集大成，不乏真知灼見。

第四節 ▶ 民俗文化與社會生活緩慢變遷

民俗文化，涵蓋面廣，內容豐富，士氣民風，習俗時尚，交相環轉。晚清江西民俗文化，有傳承的一面，也有嬗變的一面。九江開埠通商以後，給江西內腹地區的社會生活帶來了一定的影響。這主要表現在信息的傳輸途徑更廣，人民接受外界的信息增多，眼界亦為之大開，相應的帶動了社會風氣的變化。

一　信息的吸納與傳輸

九江開埠通商以來，促進了興旺的商貿交易和活躍的資金融通，它們又都是和便捷的信息傳輸聯繫在一起的。在商品經濟的運行中，信息的重要性是顯而易見的。「商家生財之道惟憑居積貿遷，而為遷為積又視在遠市價之高低為斷，苟能得聲氣之先，有利可圖，不難一網打盡。」[55]廣泛的信息傳播同樣也對社會生活產生深刻的影響。九江作為江西門戶，其信息的傳輸途徑主要有：

一是電報。在電報尚未傳入中國之前，信息的傳輸途徑主要是通過船舶傳遞獲取外部資本主義世界商貿、金融信息。隨著進出口貿易規模的不斷擴大，這種傳輸手段顯得落後。電報以它那

55 《申報》，1882 年 11 月 25 日。

快捷的信息傳輸功能，迅速取代了船舶傳遞信息的功能。一八七一年四月，英國人架設的香港至上海海底電線開通營業；同年六月，香港至倫敦海底電線接通。六月六日，《字林西報》收到了直接來自倫敦的第一份有線電報。從此上海與歐美間的信息改由電報溝通，以往日月計的信息傳輸，現在縮短為數小時可達。一八七二年五月三十一日《申報》刊載的一則「電氣告白」對電報的應用大加讚許：「凡遇切要之事，用電線通報，雖萬里之遙片刻周知，所以有裕國裕民之宏用，至於行商坐賈更不可少。」

進入十九世紀八〇年代，伴隨上海港內外貿易網絡的擴展，上海與國內各大商埠間的電報線相繼架設。郵政交通部九江電報局，設於九江湓浦路，即中洋街口，係前清光緒十九年（1893年）創辦，其時是商辦性質，附設在招商局內，報務甚清，由商務督辦盛宣懷委九江盛二府兼充辦，線路僅通鎮江、漢口、殷家匯等處。旋因報務擴充，移設張官巷內，並由郵傳部收歸官辦，定為一等繁局。「該局處長江之中心，又為本省之門戶，接轉全省之電報，故稱為轉報之繁忙局也。……長江上游與漢口、武昌、武穴、大冶直達；下游與南京、安慶、蕪湖、湖口、殷家匯、秋浦等處直達。江西省與南昌局及吳城、德安等處直達，並在牯嶺每年設立夏季報房，以便中外旅客。」[56]

二是郵政。江西近代郵政事業的發展，是於九江發軔的。江西郵政之始，是一八七八年，九江與全國其他通商口岸一樣，設

56 九江指南社編印：《九江指南》，1932年版，第29頁。

立「送信官局」於海關稅務司使署內。所辦業務僅以各國公領使館人員及租界僑民書信傳遞為主，兼辦普通居民往來各通商口岸之信件的傳遞。此時的送信官局建立起了從九江至北京、漢口南京，以及經信州而達寧波的等郵差線路。

光緒二十五年（1899 年），「大清郵政」當局確定以海關轄區為劃分郵區的標準，將全中國劃分為三十五個郵區，（又稱郵界）。九江作為江西境內唯一的通商口岸，被列為全中國三十五個郵界之一。郵區名稱定為「九江郵區（界）」；而九江郵局作為郵區中心所在地郵局，被定為江西省內唯一的一個郵政總局，併負責對區內包括南昌府在內的十三府一直隸州及七十七縣的郵政建設及郵政事務進行管理的職能。時九江郵政總局隸屬海關總稅務司北京郵政總署。

九江郵政總局成立後，就曾依據這些法規性郵政章程，開始籌劃設立郵政分、支局及代辦機構。在《九江郵政局給北京郵政局的公務報告》中可以看出當時九江郵政局在開拓江西全省郵政的基本狀況。其大致情況如下：在一九〇一年，九江郵政總局就著力開通九江至南安府線，其中包括九江——吳城鎮——南昌府——樟樹鎮——吉安府——贛州府——南安府。並先後在上述地區設立了分局（Branch office）另外還開通了湖口縣、豐城縣、新淦縣、吉水縣、泰和縣、萬安縣、南康縣等七個代辦處（Box office Agencices），江西南北幹線為之開通；一九〇三年，相繼開通了南昌——李家渡（屬臨川）——撫州府——滸灣（屬金溪）——建昌府——新城縣（今黎川），並在上述各地設立了分局或代辦處，至此九江至贛東線基本開通；一九〇四年一月，相繼開通了南昌——進賢縣——東鄉縣——安仁縣——貴溪縣——弋陽縣——河口鎮（屬鉛山縣）——廣信府——玉山縣，九江至玉山線基本開通，並在上述地區設立了分局或代辦處。[57]據《大清郵政光緒三十一年事務通報・總論》載：光緒三十一年（1905年）在江西的 14 個府州、78 個縣當中，共設立海關總分局 21 處，代辦 19 處，其中匯寄銀鈔者 3 處，共計收、發、轉寄郵件 255.25 萬餘件；包裹 5.78 萬餘件；匯兌關平銀 1.54 萬餘兩。[58]《中華郵政前清宣統三年事務總論》亦載：「郵路連接一節更見進境，計開通之新郵路不下五千里。其鄰近之鄱陽湖，計有小輪二十九艘帶運郵件。其在揚子江內往來之郵船，計有二十艘。」足見當時江西省內河及長江水域郵路及郵運發達之程度。一九一二年以後，江西郵政總局移設政治中心南昌，九江定為次一等繁局，直屬郵傳部。[59]下表所列為一九〇四年至一九一一年江西郵政郵件往來情況：

57 Inland Report，No 1，26.Aug 1901，見中國第二歷史檔案館藏：《九江郵政局給北京郵政局的公務報告》1900-1904，全宗號一三七，案卷號 3100。

58 《大清郵政光緒三十一年事務通報》，見中國第二歷史檔案館、中國海關部署辦公廳編：《中國舊海關史料》，第 41 冊，京華出版社 2001 年版，第 130、127 頁。

59 九江指南社編印：《九江指南》，1932 年版，第 29 頁。

・1904-1911 年江西省郵務情形

年份	郵件（件）				包裹	
	收件	發件	轉件	共計	件	重（磅）
1904	1181840	451945	680128	2313913	55107	691682
1905	1290370	441278	820902	2552550	57846	122664
1906	1659029	600907	905965	3165901	49309	182713
1907	3020027	765486	1327404	5112917	74152	213863
1908	3069271	929484	1391689	5390444	59676	145593
1909	6082800	1026100	2763100	9872000	74303	179304
1910	8014600	1443800	4152200	13610600	86900	321800
1911	10641500	1975500	5903500	18520500	90700	284300

資料來源：根據光緒 30、31、32 年《大清郵政事務通報》、光緒 33、34 年、宣統元年、2 年《大清郵政事務情形總論》等相關資料整理。分別見中國第二歷史檔案館、中國海關部署辦公廳編：《中國舊海關史料》，京華出版社 2001 年版，第 41 冊、43 冊、45 冊、47 冊、49 冊、52 冊。

三是民信局：清朝民間信局在咸豐年間就已盛行，初唯沿江、沿海各省有之，後逐漸推廣於內地。江西地區民信局以九江口岸最著，「潯埠信局，在郵政未開辦之先，勢力頗大」。[60]以後才在南昌、吉安、樟樹、豐城、鄱陽、萬載、上高、宜春、萍鄉等城市和商埠重鎮開辦，並形成了總號（又稱總局）統領分號（又稱分局）、分號統轄子號（又稱子局）與代理店的格局。在

60 九江指南社編印：《九江指南》，1932 年版，第 44 頁。

十九世紀八〇年代，九江有十四家民信局，它們分別是：全泰盛、福興、胡萬昌、森昌、乾昌、億天、全泰洽、協興昌、政大源、太古晉、銓昌仁、銓昌祥、正和協、張瑞豐等。[61]以後逐漸增加至二十一家，其中註冊者十六家，未註冊者五家。它們均與上海、漢口關係密切。後在南昌、弋陽、樂平、貴溪、鄱陽、吉安、贛州、饒州等八府縣以及景德鎮、吳城鎮、樟樹鎮、河口鎮建成的信局，也多以上述總、分號命名，並與之有直接的聯繫。據民國交通部《交通史·郵政篇》記載：是時，江西民信局以九江為總匯，經九江寄送各地之信，每月一、四、七日由全泰盛、全福興二家寄送南昌；三、六、九日，由乾昌、森昌、億太、全泰治、協興、昌政、胡萬昌寄送八府四鎮；二、五、八日由全泰盛、森昌寄送河口、貴溪、弋陽；二、四、六、八日由乾昌、全泰盛、福興、銓昌祥寄往景德鎮、饒州；一、三、六、八日，由太古晉、張瑞豐、福興、全泰盛、政太源寄送吳城鎮。此外，每年採茶期間，由張瑞豐採取「獎勵快遞」，即按送達日期長短計付「酒力」、「腳錢」的辦法傳遞來往義寧州之快信。可見，當時各民間信局，已經採取了一種「聯合作業」的方式開展民間通信活動。而且九江民信局與上海民信局業務亦頗為頻繁，下表所列為上海民信局與九江及江西民信局業務往來情況：

61 《九江海關十年報告》（1882 年-1891 年）。見中國第二歷史檔案館、中國海關部署辦公廳編：《中國舊海關史料》，第 152 冊，京華出版社 2001 年版，第 200 頁。

·上海已注冊的中國民信局通往九江、江西的情況表

注冊號碼	行號	目的地	班期	價格
2	協興昌	九江	每天	40 文
4	全泰洽	九江　江西	每天	40 文
5	太古晉	九江　江西	每天	40 文
8	森昌	九江	每天	40 文
12	全昌仁	九江　江西	每天	40 文
18	政大源	九江　江西	每天	40 文
24	福興潤	九江	每天	40 文
26	老福興	九江	不定期	40 文
27	乾昌	九江	每天	40 文
29	全泰盛	九江	每天	40 文
30	裕興福	九江	每天	40 文
31	正和協記	九江	每天	40 文
32	億大	九江	每天	40 文
42	胡萬昌	九江	每天	40 文
44	銓昌祥	九江	每天	40 文
45	松興公福記	九江　江西	每天	40 文

資料來源：《海關十年報告之二》（1892-1901 年）附錄，《已注冊的中國民信局》，第 122-133 頁。

後來由於近代郵政事業的興辦，民信局的營業受到一定的限制。史載：「近年以郵政辦理日益進步，營業乃一落千丈，且為情勢所逼，不得不屈伏於郵政局之下，所有信件，只許按照郵局章程辦理，現各家所以能維持者，全賴景德鎮、饒州、鄱陽等內

地錢莊每日報告行市之信，因交易往來，每日必有例信數十封，或數百封，若投郵局，所費不貲，遂並交信局，不論信之多寡，只出月費若干，其出費之數目，則視營業之大小為標準。」[62]

信息的吸納與傳輸，不僅給商人們提供搏擊商場的利器，同時也給人們提供了瞭解外界信息的媒介。「媒介不僅直接地作用於個人，而且還影響文化、知識的貯存、一個社會的規範和價值觀念。媒介提供了一系列概念、思想和評價，受眾成員可以從中選擇自己的行為方向。」[63]通過廣泛的吸收外界的信息，江西人民的社會風氣也開始發生了變化。

二　「洋化」的時尚

從十九世紀六〇年代開始，西方商品如洋布、洋傘、煤油、肥皂、洋火乃至各色顏料、香水開始湧入江西，衝擊著江西原有的生活。以洋布為例，大量的輸入，洋布已基本替代了本地的土布，到八〇年代，江西普遍「開始用洋布」了，[64]西裝旗袍，漸成時尚，洋火、肥皂、煤油等，成為江西人民生活的必用品，就連磚瓦木屋，也出現綺麗的門面，仿西式建房已蔚然成風，就連「機關公團漸次改建西式樓房」。[65]西方的物質文明，已刺激著江

62 九江指南社編印：《九江指南》，1932 年版，第 44 頁。

63 〔英〕丹尼斯・麥奎爾、〔瑞典〕斯文・溫德爾著，祝建華、武偉譯：《大眾傳播模式論》，上海譯文出版社 1997 年版，第 82 頁。

64 《江西近代貿易史資料》，江西人民出版社 1987 年版，第 118 頁。

65 民國《分宜縣志・風俗志》。

西人民追求美的新意識。受物質文明的啟發，江西人民開始重視西方文化，書肆必有「時務、西學」書籍，留學生出國，成為江西人民非常羨慕的選擇，即使是人民普遍排斥的基督教，其入教信徒也與日俱增，致「教堂林立」，有的縣竟達十數所之多。從民俗角度看，「洋化」的時尚，無疑是晚清江西的進步表現，唯有吸鴉片煙除外。

隨著新學的推進和廢除科舉，江西的俗尚和士人的價值觀念發生了深刻的變化。翰林出生的江西新昌人胡思敬頗為生動地談到了這種變局。他說：「以往江西人嫁女，必予秀才。……新翰林乞假南歸，所至鼓吹歡迎，斂財帛相贐，千里不齎糧。……今不然矣。諸生焚棄筆硯，輾轉謀食四方，多槁死。翰林回籍措資，俗民『張羅』，商賈皆避匿不見。科舉廢，學堂興，朝局大變，蓋不獨江西為然也。[66]」眾多的舊式學人迫於形勢不得不投身於新式學堂之中。

婦女亦追求解放，更新觀念，熱心公益。昔日的江西婦女「喜佞佛，每年二月十九、六月十九、九月十九燒南海觀音，至四月十八進賢門外大會、八月萬壽宮進香，俱視為莫大之事；又纏足之風亦甚，惟贛州府此風獨衰；又婦女極為聚賭，從前均用紙牌，近亦盛行麻雀」。[67]新政期間，婦女的社會風貌有了顯著

66 章伯鋒主編：《近代稗海》第 1 輯，四川人民出版社 1985 年 8 月版，第 252 頁。

67 《警鐘日報》1904 年 9 月 20 日。

的改觀。一九〇三年《嶺東日報》報導說，「江西風氣近已開，女界中亦有能講求新理且無中國女子羞縮陋習（者）」，她們可謂「女中先覺」。[68]這裡所說的女中先覺，無疑是領先求得自身解放的有識之士，不少人又是為爭取解放同類而努力的積極分子。曾在九江開辦女子醫學堂的康愛德即為一例，曾斷指血書「保存女學」四字的蔡敬襄又是一例。[69]據一九〇八年十月二十八日《申報》載，兵備處總辦張季煜之令姊張清如，曾東渡日本於女校師範科畢業；前袁州府太守許子笠之妻張佩蘭，曾在上海於愛國女學畢業；餘如張小如、林湘等人，均屬出身富家或官宦之家的「女界名媛」，然而，她們不再是那種飽食終日、無所用心之輩，都投身於學堂，學有專長，並且破除陋習，走出家門，在江西女子公學力任監督和各科教員，漸成有益於社會的新女性。宣統二年（1910 年），為反對日資滲入南潯鐵路，江西女子師範學堂的彭文徽，聯絡正蒙、義務、匡秀各女校三百餘人在省城江南會館集會，號召「據債勸股」，頗獲各界同情。[70]在政治上嶄露頭角的江西女性也不乏其人，如九江的甘介侯，曾參加倫敦世界婦女會議；南昌的張維英，曾於留日回國後提倡自由結婚演說會；蔡元培之妻黃世振，曾於上海力倡女學；宜豐的蔡仲蘭，曾參加中國同盟會。[71]

68　《嶺東日報》1903 年 12 月 12 日。
69　《申報》1909 年 10 月 10 日。
70　《申報》1910 年 7 月 9 日。
71　參見張玉法《清季的革命團體》（台）近代史研究所專刊（32）1975

實業教育與實業發展使人們的思想觀念從小農經濟的發展模式向現代工業經濟的發展模式轉變。光緒三十二年（1906 年），東鄉縣已相當重視「蠶桑之學」，特從浙江引進蠶桑良種，開闢有專地，試種試養，以便取得經驗，窮究學理，加以推廣。[72]光緒三十四年（1908 年），南昌商徒啟智學校的藝徒「半日讀書認字，半日學習工藝」，主修紡織，學以致用，倍受紡織各家歡迎。商徒啟智學校為後來半工半讀者提供了範例。[73]宣統二年（1910 年），新建縣紳程志和鑒於南昌「實業幼稚，亟待振興」，特在普育中學內「添設商業中學一科」，[74]進行了普通學堂兼涉實業的大膽嘗試。與此相應，江西的工商界對學界的新趨向表現出了一定的熱情，有的企業在資金中「每萬抽公費二元為學堂常年經費」，[75]儼然有集資辦學的情趣。應該說，學業與實業的結合，已隱示了二者互為滲透、互為促進的合理發展前程。江西人們價值觀念的變化，人們耕讀為上價值觀逐漸轉向工商為重，大量士紳紛紛投資農工商礦企業。這對於江西社會轉型是有一定的積極作用。

三　社會風氣的變化

年版，第 83-92 頁。

72　《東方雜誌》第三年第六期「各省農桑匯志」，第 132 頁。

73　《申報》1908 年 7 月 12 日。

74　《申報》1910 年 11 月 20 日。

75　《東方雜誌》第四年第六期，「各省工藝匯志」，第 160 頁。

近代江西社會風氣的變化表現在棄舊學，崇尚新學的社會風尚，菁英階層的變遷以及移風易俗等方面。

（一）棄舊學、崇尚新學

根據《警鐘日報》記載，截至一九〇四年九月，僅省府南昌一地，新式學堂就有武備學堂（永和門內）、江西大學堂（進賢門內書院街）、醫學堂（高橋南）、樂群學堂、敬業學堂（大士院）、中西學堂、英文學塾、熊氏英文學堂（北湖平遠山房）、東文傳習社（六眼井）、洪都中學堂（繫馬樁），南昌小學堂（咫尺瀛洲），新建小學堂（舊西昌書院）、經訓書院（繫馬樁路西）、友教書院（棉花市），洪都校士館（府學西首）、葆靈女學堂（德勝門外）。[76]到光緒三十三年（1907 年），全省共有各類學堂 513 所，學生 15134 人。其中專門學堂 4 所，實業學堂 1 所，師範學堂 19 所，中學堂 23 所，小學堂 400 所，女子學堂 6 所，其他學堂 59 所。[77]至一九一二年，江西已有新式學校 3141 所，學生達 110348 人。[78]

新式學堂成為新知識傳播的源泉，為人們所追崇。如南昌西鄉蒙學堂，其「堂中教科書上海新編者居多，其功課約分讀書、拼字、日記、唱歌、體操各門」，教習章法較善，講求得力，從

76 《警鐘日報》，1904 年 10 月 24 日。

77 陳文華、陳榮華主編：《江西通史》，江西人民出版社 1999 年版，第 696 頁。

78 溫銳等：《百年巨變與振興之夢——20 世紀江西經濟研究》第 33 頁。

而使學生受惠不淺，入學未久就「進步極速」。[79]曾赴美國密西根大學習醫的康愛德女士在一九〇四年回國後，在九江華佗廟側本宅「創設女學塾」，據稱該校以醫為業，有學生數十人。[80]這間學校聲譽頗著，以致有人聞而生感，以致「江西文明駸駸乎日有起色」。[81]《警鐘日報》一九〇四年十月二十一日報導，返歸南昌的留日學生擬於六眼井「開設東文速成科」學堂，一時報名求學者「接踵而往」。[82]十二月二日又報導，「近有南城趙君遊學東洋回省……擬開東文學塾一所……聞報名肄業者頗形踴躍」。[83]徐廷蘭在德化開辦的女子學堂成立之初，所開課程即有「修身、國文、歷史、地理、算學、美術、體操七門」，因內容較為豐富，教法亦比較獨特，以致「學者頗眾」。[84]

（二）菁英階層的變化

一個國家的初期現代化，菁英階級的轉型最為重要。[85]清末新政期間，向有讀書興學傳統的江西省內，興辦新學風靡一時。新學促使傳統菁英階層向新式知識分子轉變。當時進入新式學堂

---

79 《警鐘日報》，1904 年 11 月 24 日。
80 陳景磐編：《中國近代教育史》，人民教育出版社 1979 年 11 月版，第 180 頁。
81 《警鐘日報》1904 年 12 月 25 日。
82 《警鐘日報》1904 年 10 月 21 日。
83 《警鐘日報》1904 年 12 月 2 日。
84 《東方雜誌》第二年第十二期，「各省教育匯志」，第 345 頁。
85 C.E.Blac k . The Dynamics of Modernization，第 71-77 頁。

的多是中下級士紳，多為秀才、廩貢附生。[86]新式教育事業的興辦也使得許多傳統士紳成為新式學堂與學務機構的教職員。這些由「紳而為學者」，構成了清末以新式教育或新的文化事業為職業的「學紳」。[87]江西這一大批熱衷於近代新式教育的「學紳」，不僅標誌著這批士紳進身之途的轉換，而且意味著他們的固有知識結構和思想理論基礎正經歷著一次亙古未有的蕩滌。出國留學的士人明顯增多是江西傳統士紳融入新式教育體系的另一種方式。由於清政府鼓勵遊學，並規定給予學成歸來之人授予各級功名，而留學者歸國後又人多可覓尋到更好的謀食之所，因此一些士紳尤其是年輕士紳逐漸與傳統舊學相剝離而爭相向海外尋求新學。這些留學生歸國後，在南昌、九江及全中國其他地方宣傳進步思想，創辦各種學堂，傳播文化科學，在教育、實業等領域為江西和全中國作出了許多貢獻。[88]

我們可以把在國內新式學堂就學的士紳，以及那些積極投身於新式教育的「學紳」，再加上在海外異邦求學的士紳，統稱為「新派」士紳群體。隨著預備立憲的宣布和江西諮議局的成立，江西新派士紳和資產階級反過來又對新式學堂的建設取得了一定的監督權和建議權。他們自下而上，對各類學堂都提出了一些有

86 黃炎培：《清季各省興學史》，第 173 頁。

87 賀躍夫：《晚清士紳與中國近代化》，轉引自蔡曉榮《江西士紳與晚清社會劇變》（未刊碩士論文），第 19 頁。

88 溫銳：《世紀初振興江西的「興贛潮」論略》，載《江西社會科學》2002 年第 12 期。

益的意見。為普及掃盲，他們認為在廣開簡易識字學塾之外，當輔以「半日學堂、藝徒學堂、夜學校、農隙講習所」。[89]為規範中學課程，他們強調「中小學宜遵用部定教科書」，為循名責實杜絕濫冒，他們力反所謂速成學堂，敦促「年畢業或三月畢業之學堂應請禁止」。[90]新菁英階層反過來促使江西新式教育的進一步發展。

從某種意義上來說，「新派」士紳群體的出現及其規模的不斷壯大，預示了作為封建社會支柱的傳統士紳階層已經開始了深刻的分化。這批「新派」士紳因受到新的思想理論的薰陶，與傳統的離心力日趨加強，因而成為當時江西最先覺悟的社會群體，並且成為清末民初江西社會變革的先導力量。江西大學堂學生「由壓力生出種種文明思想」，在進步教習的引導下，「頗知自立」，「皆喜自由平等之說」，[91]集資購買新書，訂閱《新民叢報》等刊物。「總辦欲設法阻之，眾皆不應。」他們作詩抒懷：「沉沉大陸意如何，眷我黃人感慨多，從此學生爭自立，不教荼草蔓銅駝。」[92]新派士紳群體思想活躍，眼界開闊，一開始就感受到民族危機的嚴重壓迫，認為中國「時時有可亡之勢」。[93]為鼓舞鬥志，他們激昂陳詞，「我們中國人，多到了四萬萬，在地球上

89 《呈報議決教育普及案由》，《江西諮議局報告》宣統元年。
90 《江西盗議局第二次常年會呈報議決案》下冊。
91 《江西大學堂之歷史》，《國民日日報匯篇》（一）
92 《記江西大學堂改良事》，載《蘇報》1903年4月4日。
93 《蘇報》1903年6月23日。

占了四股之一，無論與那種人爭，沒有不勝的道理」。他們向群眾宣傳說，「近來『瓜分中國』的話，各國說得更急了，中國所有明白的人，也就天天說要自己獨立，免得人家瓜分，這是一點兒不錯的。然而一宗，口裡說獨立，是不行的。要想獨立，只有合群一個法兒」。[94]這不僅宣傳了民族解放的意識，也隱約有呼喚組織「合群」的近代社團的用意。另外還強調，國民應當是「真正主人翁」。[95]光緒二十九年（1903 年）四月底，江西各地學生、紳耆、商人分別集會，反對俄國霸占中國東北，譴責沙俄入侵行徑，要求沙俄軍隊立即從東北撤軍。運動中江西留日學生劉景烈、劉景熊、黃鐸、李盛銜等踴躍報名，參加了第一批留日學生軍，準備奔赴東北，血戰沙場，為國效命。[96]江西大學堂的學生聞風繼起，「願組織一部，附入上海學生軍，同為響應」。[97]光緒三十一年（1905 年），反帝愛國的收回利權運動接踵而來，江西學界積極投入這一運動。抵制美貨運動中，江西等地學生「多用淺說體作為告諭勞工婦孺文字，並調查美貨商標附列文後」。[98]同時，「日出傳單知照以後買用洋貨必須查詢，若是美產

94 《新白話》第二期總第 3-4 頁。

95 《新白話》第二期總第 9 頁。

96 楊天石、王學莊編：《拒俄運動》（中華民國史資料叢稿），中國社會科學出版社 1979 年版，第 103-105 頁。

97 楊天石、王學莊編：《拒俄運動》（中華民國史資料叢稿），中國社會科學出版社 1979 年版，第 179 頁。

98 《寧垣會議抵制美約辦法》，《大公報》1905 年 7 月 1 日。

必不可用」。[99]當清政府出賣權益計劃借洋款修築江浙鐵路的消息傳出，旅滬江西學生蔡敬襄立即飛電江西全省教育會，痛陳「蘇杭鐵路，事勢甚危，不勝憤激」，呼籲「東南諸省，存亡攸關，河南、廣東均飛電政府力爭。凡我江西紳商學界，亦宜共表同情，結大團體，以相抵制」。[100]江西學界聞訊驚起，立即馳電北京清朝外交部抗爭，要求「收回成命，以安人心」。[101]與此同時，他們還「勸集千餘股」，為蘇杭甬路提供經濟支持。[102]宣統二年（1910 年）江西鐵路公司有擬借日資四百萬之舉，留日江西學生痛心疾首，特推王拜揚、文群、朱念祖等回省，以便發動各界，堅拒日資，「設法挽回」。[103]隨後，在江西學界歡迎朱念祖等人的會議上，與會者議決挽回之法三條，即「廣集股本」，「拒絕外債」，「整頓公司」，大得各界同情。[104]不久，為激揚民氣，朱念祖當眾斷其食指，血書「妥議辦法，以保路權」八字，當即便感人至深，以致「解囊納資者頗形踴躍」。[105]他們的行動及其社會反響，引起進步人士的高度重視，認為鬥爭成敗，「要皆仰賴我愛國愛鄉之學界諸君登高一呼，為各界倡」。[106]宣統三

99 《江西亦議抵制》，《大公報》1905 年 7 月 14 日。
100 《江西旅滬學生蔣敬襄致本省教育會電》，《江浙鐵路風潮》，台北 1968 年版第 1 冊，第 89 頁。
101 《江浙鐵路風潮》，台北 1968 年版第 2 冊，第 344 頁。
102 《申報》1907 年 12 月 1 日。
103 《申報》1910 年 4 月 26 日。
104 《申報》1910 年 6 月 5 日。
105 《申報》1910 年 10 月 9 日。
106 《江西鐵路公司續開股東會記事》，載《東方雜誌》第 7 年第 1 期，

年（1911 年）的國民會與國民軍是學生不斷發出救亡呼聲的結果。六月十二日，中國國民會總部在上海張園舉行正式成立大會，通電全國，呼籲各省各埠各府州縣組建分會。在歸國代表的活動和國民總會的號召下，各地愛國志士群起響應，雲南、福建、山東、浙江、江蘇、江西、陝西、廣西和東三省成立了國民分會和國民軍，四川、湖南、廣東、安徽、直隸等省也有不同形式和程度的反應，迅速發展為全國性救亡運動。南昌學界和上海總會代表共同發起組建國民分會。九江學生與商界聯合組織國民軍，專習體操，「入軍者異常踴躍」。[107]

（三）移風易俗

隨著新學的推進和廢除科舉，江西的俗尚和士人的價值觀念發生了深刻的變化。翰林出生的江西新昌人胡思敬頗為生動地談到了這種變局。他說：「以往江西人嫁女，必予秀才。……新翰林乞假南歸，所至鼓吹歡迎，斂財帛相贐，千里不齎糧。……今不然矣。諸生焚棄筆硯，輾轉謀食四方，多槁死。翰林回籍措資，俗民『張羅』，商賈皆避匿不見。科舉廢，學堂興，朝局大變，蓋不獨江西為然也。」[108]眾多的舊式學人迫於形勢不得不投身於新式學堂之中。

1910 年 3 月 6 日。

107 《九江國民軍出現》，載《民立報》1911 年 4 月 16 日。

108 章伯鋒主編：《近代稗海》第 1 輯，四川人民出版社 1985 年 8 月版，第 252 頁。

婦女亦追求解放，更新觀念，熱心公益。昔日的江西婦女「喜佞佛，每年二月十九、六月十九、九月十九燒南海觀音，至四月十八進賢門外大會、八月萬壽宮進香，俱視為莫大之事；又纏足之風亦甚，惟贛州府此風獨衰；又婦女極為聚賭，從前均用紙牌，近亦盛行麻雀」。[109]新政期間，婦女的社會風貌有了顯著的改觀。一九〇三年《嶺東日報》報導說，「江西風氣近已開，女界中亦有能講求新理且無中國女子羞縮陋習（者）」，她們可謂「女中先覺」。[110]這裡所說的女中先覺，無疑是領先求得自身解放的有識之士，不少人又是為爭取解放同類而努力的積極分子。曾在九江開辦女子醫學堂的康愛德即為一例，曾斷指血書「保存女學」四字的蔡敬襄又是一例。[111]據一九〇八年十月二十八日《申報》載，兵備處總辦張季煜之令姊張清如，曾東渡日本於女校師範科畢業；前袁州府太守許子笠之妻張佩蘭，曾在上海於愛國女學畢業；餘如張小如、林湘等人，均屬出身富家或官宦之家的「女界名媛」，然而，她們不再是那種飽食終日、無所用心之輩，都投身於學堂，學有專長，並且破除陋習，走出家門，在江西女子公學力任監督和各科教員，漸成有益於社會的新女性。宣統二年（1910 年），為反對日資滲入南潯鐵路，江西女子師範學堂的彭文徽，聯絡正蒙、義務、匡秀各女校三百餘人在省

109 《警鐘日報》1904 年 9 月 20 日。
110 《嶺東日報》1903 年 12 月 12 日。
111 《申報》1909 年 10 月 10 日。

城江南會館集會，號召「據債勸股」，頗獲各界同情。[112]在政治上嶄露頭角的江西女性也不乏其人，如九江的甘介侯，曾參加倫敦世界婦女會議；南昌的張維英，曾於留日回國後提倡自由結婚演說會；蔡元培之妻黃世振，曾於上海力倡女學；宜豐的蔡仲蘭，曾參加中國同盟會。[113]

實業教育與實業發展使人們的思想觀念從小農經濟的發展模式向現代工業經濟的發展模式轉變。光緒三十二年（1906 年），東鄉縣已相當重視「蠶桑之學」，特從浙江引進蠶桑良種，開闢有專地，試種試養，以便取得經驗，窮究學理，加以推廣。[114]光緒三十四年（1908 年），南昌商徒啟智學校的藝徒「半日讀書認字，半日學習工藝」，主修紡織，學以致用，倍受紡織各家歡迎。商徒啟智學校為後來半工半讀者提供了範例。[115]宣統二年（1910 年），新建縣紳程志和鑒於南昌「實業幼稚，亟待振興」，特在普育中學內「添設商業中學一科」，[116]進行了普通學堂兼涉實業的大膽嘗試。與此相應，江西的工商界對學界的新趨向表現出了一定的熱情，有的企業在資金中「每萬抽公費二元為學堂常年經費」，[117]儼然有集資辦學的情趣。應該說，學業與實業的結

112 《申報》1910 年 7 月 9 日。
113 參見張玉法《清季的革命團體》（台）近代史研究所專刊（32）1975 年版，第 83-92 頁。
114 《東方雜誌》第三年第六期「各省農桑匯志」，第 132 頁。
115 《申報》1908 年 7 月 12 日。
116 《申報》1910 年 11 月 20 日。
117 《東方雜誌》第四年第六期，「各省工藝匯志」第 160 頁。

合，已隱示了二者互為滲透、互為促進的合理發展前程。江西人們價值觀念的變化，人們耕讀為上價值觀逐漸轉向工商為重，大量士紳紛紛投資農工商礦企業。這對於江西社會轉型是有一定的積極作用。

（四）棄嬰的新生

清代是中國歷史上最為風行溺女棄嬰的時期，而江西又是清代風行溺女棄嬰最嚴重的省份之一。清高宗曾痛斥「江右尚有溺女之風，最為殘忍」，[118]江西地方官員也承認「江西省民俗醇樸，惟溺女之風視他省為甚」。[119]江西省棄嬰現象的嚴重，主要是受農業勞作和貧窮的社會現實影響，女嬰被視為多餘的負擔。面對棄嬰現象的普遍存在，江西各級政府一方面嚴禁溺女之風，另一方面普設育嬰堂，以拯救無辜女嬰的生命。據光緒《江西通志》卷九四「經政略十二．恤政」記載可知，江西所有州府縣都設立育嬰堂，有的縣境設有兩所以上。育嬰堂由官府出資，僱請乳婦哺育，直至女嬰被人領養或由家人領回。晚清江西每年育嬰數量到底多少，不得而知，僅從南昌縣育嬰堂撫育女嬰數，可見一斑。當時南昌縣育嬰堂「每年收育女嬰，多則千餘口，少則數百口」。[120]全省八十餘縣，其數目應該不少數萬。此外，還有不少教會所辦的育嬰堂。到晚清末，受西方平等女權思想的影響，

118《大清十朝聖訓．高宗純皇帝》卷二〇八，「嚴法紀十六」。
119 同治《南康府志》卷七，建置。
120 光緒《大清會典事例》卷二六九「戶部．蠲恤」。

江西女校開始出現，從一九〇五年開始創辦萍鄉正本女子學堂後，截止一九一一年，江西先後共創辦女子公立學堂六所，私立學堂五所，尚不含教會所辦女校。女校生源以官宦家庭女子為主，其中不乏各育嬰堂推薦的女生。女生在校不僅學習女紅、中學等，還去除纏足陋習，宣傳婚姻自主。由此，「女子無才便是德」的傳統思想和婦女纏足、包辦、買賣婚姻的封建陋習被動搖了，甚至被革除了，代之而起的是婦女的解放和女性的新生。

（五）戲曲的大眾化

江西戲曲自明代起就開始興盛，到晚清時期，戲曲種類、戲班數量及其規模等都有較大的發展，並且逐漸民俗化。當時江西盛行三大劇種，即宜黃腔、弋陽腔和採茶戲，三大劇種統稱於贛劇。宜黃腔產生於宜黃縣，後傳播到安徽、湖北、浙江，與漢劇的西皮相融相合，流行全中國，又稱皮黃戲；弋陽腔產生於弋陽縣，是中國戲曲史上流傳最廣的古老戲曲聲腔，它吸收了皮黃戲的精華，形成高腔、亂彈、崑腔等特點，流行於江西南北；採茶戲產生於贛南，流行於全省各地，是中國南方小戲劇種的頭牌。三大劇種，傳統性與兼容性並存，同一性與變異性共有，流動性與封閉性互補，構成豐富多彩的贛劇核心內涵，並且具有濃厚的民俗色彩。晚清江西戲曲的大眾化，不僅體現在戲曲本身的內容、形式和風格上，尤其體現在戲曲演出活動的運行機制上。為祭禮祈神，則有還願戲、「萬人緣」戲、菩薩生日戲；為宗族慶典，則有寫譜戲、修祠堂戲、祖宗生日戲；為農事生產，則有青苗戲、求雨戲及各種生日戲。此外，每逢婚喪嫁娶、添丁祝壽、迎賓送客等，多有戲曲演出。戲曲的大眾化與戲曲的商業化密切相關，它既反映了晚清商品市場的發展，又改變了單調貧乏的娛樂生活，並有助於戲曲的生存與發展，是江西民族文化不可或缺的重要組成部分。

主要參考文獻

一　普通文獻資料

劉錦藻撰：《清朝續文獻通考》，商務印書館 1937 年版。

趙爾巽：《清史稿》，中華書局 1977 年版。

朱壽朋：《光緒東華錄》，中華書局 1958 年版。

《籌辦夷務始末》（咸豐朝），中華書局 1979 年版。

王彥威、王亮編：《清季外交史料》，收入沈雲龍主編《近代中國史料叢刊》三編，台北文海出版有限公司印行。

《清宣統朝外交史料》，收入沈雲龍主編《近代中國史料叢刊》三編，台北文海出版有限公司印行。

湯象龍編：《中國近代海關稅收和分配統計》，中華書局 1992 年版。

黃序鵷：《海關通志》，商務印書館 1917 年版。

陳向元：《中國關稅史》，北京世界書局 1926 年版。

楊德森：《中國海關制度沿革》，商務印書館 1925 年版。

江恆源編：《中國關稅史料》，上海人文編輯所，1931 年版。

沈桐生輯：《光緒政要》，上海崇義堂清宣統元年印行。

周念明：《中國海關之組織及其事務》，上海商務印書館 1934 年版。

黃炎培、龐淞編：《中國商戰失敗史：中國四十年海關商務統計圖表》，上海商務印書館發行，1917 年版。

王鐵崖編：《中外舊約章彙編》，生活·讀書·新知三聯書店 1957 年版。

黃月波：《中外條約匯彙編》，商務印書館 1925 年版。

劉紳一：《劉坤一遺集》，中華書局 1959 年版。

龔溥慶：《師竹齋筆記》。

張之洞：《張文襄公全集》，文華齋 1928 年印。

《近代史資料》，（1982-1995 年），中國社會科學出版社 1996 年版。

胡思敬：《退廬疏稿》。

夏燮：《中西紀事》，收入沈云龍主編《近代中國史料叢刊》正編第十一輯，台北文海重印本。

中國史學會編：《鴉片戰爭》，上海人民出版社 1957 年版。

《中國近代史資料叢刊·太平天國》，神州國光社 1952 年版。

《中國近代史資料叢刊·辛亥革命》，上海人民出版社 1961 年版。

江西文史資料叢書：《江西近代貿易史資料》，江西人民出版社 1988 年版。

江西文史資料叢書：《江西近代工礦史資料選編》，江西人民出版社 1989 年版。

江西省政府建設廳編印：《江西貿易概況》，1938 年。

陳真等編：《中國近代工業史資料》，三聯書店 1961 年版。

《通商章程成案彙編》，光緒 12 年（1886 年）刊印本。

《海上報章類抄》（專稿），汪叔子家藏，光緒二十一年。

江西政協文史委編：《辛亥革命在江西》，江西人民出版社 1991 年版。

《李烈鈞文集》，江西人民出版社 1988 年版。

《萍瀏醴起義資料彙編》，湖南人民出版社 1986 年版。

《孫中山全集》，中華書局 1981 年出版。

江西政協文史委：《江西文史資料選輯》。

汪鐘霖：《贛中寸牘》，光緒末年石印本。

陳三立：《散原精舍文集》，中華書局 1949 年版。

《教案奏議彙編》，光緒二十七年上海書局石印本。

《康南海自編年譜》，中華書局 1992 年版。

王鵬九：《交涉約案摘要》，光緒二十四年江西刊本。

朱有瓛：《中國近代學制史料》，華東師大出版社 1987 年版。

杜德風：《太平軍在江西史料》，江西人民出版社 1988 年版。

《太平天國史料叢編簡輯》，中華書局 1962 年版。

《曾文正公全集》，台灣文海出版社影印本。

《太平天國典制通考》，香港簡氏猛進書屋 1958 年版。

《太平天國文書彙編》，中華書局 1979 年版。

《駱文忠公奏議》，台灣文海出版社影印本。

胡廷玉：《尚書方氏宗譜》，道光二十二年（1842 年）修

《撫郡農產考略》，光緒二十九年撫群學堂校刊本。

胡思敬：《國聞備乘》，四川人民出版社 1985 年版。

《汪康年師友書札》，上海古籍出版社 1987 年版。

汪叔子：《文廷式集》，中華書局 1993 年版。

彭益澤：《中國近代手工業史資料》（1840-1949 年），生活·讀書·新知三聯書店 1957 年版。

姚賢鎬：《中國近代手工業史資料》，中華書局 1962 年版。

彭益澤：《中國工商行會史資料集》，中華書局 1995 年。

嚴中平等編：《中國近代經濟史統計資料選輯》，科學出版社 1955 年版。

孫毓棠：《中國近代史工業史資料》，科學出版社 1957 年版。

聶寶璋：《中國近代航運史資料》第一輯（1840-1895 年），上海人民出版社 1983 年版。

聶寶璋、朱蔭貴：《中國近代航運史資料》第二輯（1895-1927 年），中國社會科學出版社 2002 年版。

蔡謙、鄭友揆編：《中國各通商口岸對各國進出口貿易統計》，商務印書館 1936 年版。

實業部國際貿易局編：《最近三十四年來中國通商口岸對外貿易統計》，商務印書館 1935 年版。

許道夫編：《中國近代農業生產及貿易統計資料》，上海人

民出版社 1983 年版。

商衍鎏：《江西特稅紀要》，1929 年鉛印本。

《續文獻通考》。

《清朝通典》。

《清史稿》。

吳應箕：《樓山堂集》。

康熙《江西通志》。

雍正《江西通志》。

嘉慶《江西省大志》。

光緒《江西通志》。

吳宗慈主撰：《江西通志稿》，民國年間未刊本。

林傳甲：《大中華江西省地理志》，1919 年版。

同治《江西水道考》。

嘉靖《九江府志》。

嘉慶《九江府志》。

同治《九江府志》。

乾隆《德化縣志》。

同治《德化縣志》。

同治《鉛山縣志》。

同治《大余縣志》。

隆慶《臨江府志》。

同治《清江縣志》。

乾隆《鉛山縣志》。

同治《鉛山縣志》。

同治《新建縣志》。

乾隆《南昌府志》。

同治《夥縣三志》。

同治《清江縣志》。

同治《清江縣志》。

二　檔案和報刊資料

中國第一歷史檔案館藏：宮中檔，硃批奏摺。

中國第一歷史檔案館編：《康熙朝漢文硃批奏摺》，檔案出版社 1984 年版。

中國第一歷史檔案館編：《雍正朝漢文硃批奏摺》，江蘇古籍出版社 1991 年版。

中國第一歷史檔案館編：《光緒朝硃批奏摺》，中華書局 1995 年版。

中國第二歷史檔案館、中國海關總署辦公廳：《中國舊海關史料》，京華出版社 2001 年版。

中國第二歷史檔案館館藏海關總稅務司署檔案，全宗號 679，有關九江部分。

中國第二歷史檔案館館藏南潯鐵路管理局檔案，全宗號 458，案卷號 1－40。

中國第二歷史檔案館館藏交通部郵政總局檔案，全宗號 137，有關江西、九江部分。

中國第二歷史檔案館館藏交通部電信總局檔案，全宗號 142，有關江西、九江部分。

中國第二歷史檔案館館藏實業部檔案，全宗號 422，有關江西、九江部分。

中國第二歷史檔案館館藏工商部檔案，全宗號 613，有關江西、九江部分。

中國第二歷史檔案館館藏招商局檔案，全宗號 468，有關九江部分。

九江市檔案館館藏招商局九江分局檔案，全宗號 1006。

《教務教案檔》，台北近代史研究所 1981 年編。

《義和團檔案史料》，中華書局 1959 年版。

《戊戌變法檔案史料》，中華書局 1958 年版。

《辛亥革命前十年間民變檔案史料》，中華書局 1985 年版。

《清季教案史料》，故宮博物院文獻特刊 1937 年編。

《義和團檔案史料》，中華書局 1959 年版。

（江西）《經濟旬刊》。

（江西）《工商通訊》。

《江西官報》。

《東方雜誌》。

《申報》。

《江南商務報》。

《湖北官報》。

《湖北商務報》。

《商務官報》。

《外交報》。

《萬國公報》。

《文化建設》。

《農商公報》。

《教會新報》。

《字林西報》。

三　論著

陳榮華、何友良：《九江通商口岸史略》，江西教育出版社 1985 年版。

陳榮華、余伯流、周耕生、施由民等著：《江西經濟史》，江西人民出版社 2004 年版。

梁方種：《中國歷代戶口、田地、田賦統計》，上海人民出版社 1980 年版。

孫述誠主編：《九江港史》，人民交通出版社 1991 年版。

沈興敬主編：《江西內河航運史》，人民交通出版社 1991 年版。

萬振凡、林頌華主編：《江西近代社會轉型研究》，中國社會科學出版社 2001 年版。

溫銳等著：《百年巨變與振興之夢——20 世紀江西經濟研究》，江西人民出版社 2000 年版。

方志遠：《明清湘鄂贛地區的人口流動與城鄉商品經濟》，人民出版社 2001 年版。

陳文華、陳榮華主編：《江西通史》，江西人民出版社 1999 年版。

許懷林：《江西史稿》，江西高校出版社 1998 年版。

王孝槐主編：《江西郵政通信簡史》，江西人民出版社 1997 年版。

趙樹貴、曾麗雅：《陳熾集》，中華書局 1997 年版。

羅玉東：《中國釐金史》，香港大東圖書公司 1977 年出版。

《辛亥革命回憶錄》，中華書局 1981 年版。

戚其章：《晚清教案紀事》，東方出版社 1990 年出版。

張玉瀠：《清季的革命團體》，台北中央研究院近代史所 1988 年版。

章開沅：《辛亥革命史》，人民出版社 1976 年版。

王致中：《中國鐵路外債研究》，經濟科學出版社 2000 年版。

王思明、姚兆余主編：《20 世紀中國農業與農村變遷研究——跨學科的對話與交流》，中國農業出版社 2003 年版。

許懷林：《鄱陽湖流域生態環境的歷史考察》，江西科學出版社 2003 年版。

龔書鐸：《中國近代文化概論》，中華書局 1997 年版。

《辛亥革命時期期刊介紹》（江西），人民出版社 1982 年版。

王文傑：《中國近世史上的教案》，上海人民出版社 1988 年版。

張仲禮、熊月之、沈祖煒主編：《長江沿江城市與中國近代化》，上海人民出版社 2002 年版。

唐力行：《商人與中國近世社會》，浙江人民出版社 1993 年版。

張力：《中國教案史》，四川社科院出版社 1987 年版。

《江西省農牧漁業志》編撰委員會：《江西省農牧漁業志》，黄山書社出版社 1999 年版。

顧長聲：《傳教士與近代中國》，上海人民出版社 1981 年版。

王明倫：《反洋教書揭帖選》，齊魯書社 1984 年版。

唐力行：《明清以來徽州區域社會經濟研究》，安徽大學出版社 1999 年版。

周育民：《晚清財政與社會變遷》，上海人民出版社 2000 年版。

戴鞍鋼：《港口・城市・腹地——上海與長江流域經濟關係的歷史考察》，復旦大學出版社 1998 年版。

陳旭麓：《中國近代社會的新陳代謝》，上海人民出版社 1992 年版。

陳志奇：《中國近代外交史》，台北天南書局 1993 的版。

陳詩啟：《中國近代海關史》晚清部分，人民出版社 1993 年版。

費成康：《中國租界史》，上海社會科學出版社 1991 年版。

彭雨新：《清代關税制度》，湖北人民出版社 1956 年版。

王笛：《跨出封閉的世界——長江上游區域社會研究（1644-1911）》，中華書局 1993 年版。

許滌新、吳承明：《中國資本主義發展史》，人民出版社 1985 年版。

張洪祥：《近代中國通商口岸與租界》，天津人民出版社 1992 年版。

中國社會科學院近代史研究所編：《走向近代世界的中國》，成都出版社 1992 年版。

嚴中平主編：《中國近代經濟史》（1840-1894），人民出版社 2001 年第二版。

汪敬虞主編：《中國近代經濟史》（1895-1927），人民出版社 2000 年版。

金耀基：《從傳統到現代》，人民出版社 1999 年版。

顧衛民：《基督教與近代中國社會》，上海人民出版社 1996 年版。

吳承明：《中國的現代化：市場與社會》，生活·讀書·新知三聯書店 2001 年版。

杜德鳳：《從南潯鐵路看中國民族資本發展的艱難與曲摺》，載《江西師大學報》1989 年，第 2 期。

周飛、許海泉：《被迫開埠與九江城市近代化》，載《江西師大學報》1998 年，第 3 期。

廖聲豐：《清代贛關研究》，未刊碩士論文。

丁曉春：《家族與商鎮——以筠門嶺為個案》，江西師範大學 1997 年碩士論文（未刊稿）。

周霖：《1927-1937 年江西米糧產銷市場化實證分析》，江西師範大學 1997 年碩士論文（未刊稿）。

黃桂蘭：《略論近代九江城市經濟衰退的原因》，載《江西師範大學學報》1998 年，第 3 期。

汪興華：《近代武漢九江發展之比較：試談九江近代發展緩慢的原因》，載《江西師範大學學報》1998 年第 4 期。

陳耀坤：《九江米市與九江港》，載《九江市志通訊》第 19 期。

許檀：《清代前期九江關及其商品流通》，載《中國歷史檔案》1998 年第 3 期。

許檀：《清代前期流通格局的變化》，載《清史研究》，1999 年第 3 期。

吳建雍：《清前期榷關及其管理制度》，載《中國史研究》1984 年第 1 期。

中國第二歷史檔案館編：《1921 年前中國已開商埠》，載《歷史檔案》1984 年，第 2 期。

中國第二歷史檔案館編：《內務部經辦商埠一覽表》，載《歷史檔案》1984 年，第 2 期。

四　外文資料及譯著

Stanly Wright, *Kiangsi Native Tradeand Its Taxation*, Garland Publishing, Inc, New York and London（斯坦利・萊特《江西地方貿易與稅收》，紐約——倫敦有限公司榮譽出版，1920）

日本東亞同文會編：《支那省別全志・江西省》，1918 年版。

H. B. Morse, *The Tradeand Administration of China*, Revised Edition, Kelly and Walsh, 1913.（馬士：《中朝制度》，克利——沃斯出版有限公司 1913 年版。）

J. K. Fairbank, *Trade and Diplomacy on the China Coast: The Opening of the Tradty Ports*, Harvard University Press, Cambridge, 1953.（費正清：《中國沿海的貿易與外交：條約口岸的開放》，哈佛大

學出版社 1953 年版。）

《上海近代貿易經濟發展概況（1854-1898 年）——英國駐滬領事貿易報告彙編》，上海社會科學出版社 1993 年版。

〔美〕施堅雅主編，葉光庭等譯：《中華帝國晚期的城市》，中華書局 2000 年版。

〔美〕費正清編，中國社會科學院歷史研究所編譯室譯：《劍橋中國晚清史》，中國社會科學出版社 1985 年版。

〔美〕馬士著，張匯文等合譯：《中華帝國對外關係史》，上海書店出版社 2000 年版。

〔美〕吉爾伯特·羅茲曼主編，國家社會科學基金「比較現代化」課題組譯：《中國的現代化》，江蘇人民出版社 1988 年版。

〔日〕高柳松一郎著，李達譯：《中國關稅制度論》，商務印書館 1929 年版。

〔美〕郝延平著，陳潮、陳任譯：《中國近代商業革命》，上海人民出版社 1991 年版。

〔美〕費維愷著，虞和平譯：《中國早期工業化》，中國社會科學出版社 1990 年版。

〔英〕丹尼斯·麥奎爾、〔瑞典〕斯文·溫德爾著，祝建華、武偉譯：《大眾傳播模式論》，上海譯文出版社，1997 年版。

〔德〕沃爾夫岡·查普夫著，陳黎、陸宏成譯：《現代化與社會轉型》，社會科學文獻出版社 2000 年版。

〔法〕史式徽：《江南傳教史》，天主教上海教區史料譯寫組譯，上海譯文出版社 1983 年版。

〔英〕萊特：《中國關稅沿革史》，姚曾廣譯，商務印書館 1963 年版。

〔法〕衛青心：《法國對華傳教政策》，黃慶華譯，中國社會科學出版社 1991 年版。

江西文庫 A0701A30

江西通史：晚清卷　下冊

主　　編　鍾啟煌
作　　者　趙樹貴、陳曉鳴
責任編輯　楊家瑜

發 行 人　陳滿銘
總 經 理　梁錦興
總 編 輯　陳滿銘
副總編輯　張晏瑞
編 輯 所　萬卷樓圖書股份有限公司
排　　版　菩薩蠻數位文化有限公司
印　　刷　百通科技股份有限公司
封面設計　菩薩蠻數位文化有限公司

出　　版　昌明文化有限公司
桃園市龜山區中原街 32 號
電話 (02)23216565
發　　行　萬卷樓圖書股份有限公司
臺北市羅斯福路二段 41 號 6 樓之 3
電話 (02)23216565
傳真 (02)23218698
電郵 SERVICE@WANJUAN.COM.TW
大陸經銷　廈門外圖臺灣書店有限公司
電郵 JKB188@188.COM

ISBN 978-986-496-195-5
2018 年 1 月初版
定價：新臺幣 300 元

如何購買本書：
1. 轉帳購書，請透過以下帳戶
合作金庫銀行 古亭分行
戶名：萬卷樓圖書股份有限公司
帳號：0877717092596
2. 網路購書，請透過萬卷樓網站
網址 WWW.WANJUAN.COM.TW
大量購書，請直接聯繫我們，將有專人為您服務。客服：(02)23216565 分機 610

如有缺頁、破損或裝訂錯誤，請寄回更換

國家圖書館出版品預行編目資料

江西通史 晚清卷 / 鍾啟煌主編. -- 初版. --
桃園市 : 昌明文化出版 ; 臺北市 : 萬卷樓發行, 2018.01
冊 ;　公分
ISBN 978-986-496-195-5(下冊 : 平裝)
1.歷史 2.江西省
672.41　　107001902

本書為金門大學華語文學系產學合作成果。　　校對：陸仲琦／華語文學系二年級